高校体育文化及其建设的综合性探论

喻 俊 著

中国纺织出版社

内容简介

随着经济的快速发展,我国的教育事业呈现出了较快的发展趋势,越来越多的高校开始将体育文化建设工作作为重要的内容之一,加强高校体育文化建设具有十分重要的意义。本书首先阐述体育文化的一些基本理论,包括文化的概念与分类、文化研究与体育文化等,然后从学校体育文化及其建设的各种途径与因素等维度进行研究,最后探讨如何将学校体育文化的建设工作在高校中得以顺利实现。本书的主要针对人群为高校体育教师,或可作为高校体育文化建设研究者的参考用书。

图书在版编目（CIP）数据

高校体育文化及其建设的综合性探论 / 喻俊著. --北京：中国纺织出版社,2019.1
ISBN 978-7-5180-4731-4

Ⅰ. ①高… Ⅱ. ①喻… Ⅲ. ①高等学校－体育文化－研究－中国 Ⅳ. ①G807.4

中国版本图书馆 CIP 数据核字（2018）第 032046 号

责任编辑：武洋洋　　责任印制：储志伟

中国纺织出版社出版发行
地址：北京市朝阳区百子湾东里 A407 号楼　邮政编码：100124
销售电话：010－67004422　传真：010－87155801
http：//www.c-textilep.com
E-mail：faxing@c-textilep.com
中国纺织出版社天猫旗舰店
官方微博 http：//www.weibo.com/2119887771
北京虎彩文化传播有限公司印制　各地新华书店经销
2019 年 1 月第 1 版第 1 次印刷
开本：710×1000　1/16　印张：10.5
字数：180 千字　定价：62.00 元

凡购本书,如有缺页、倒页、脱页,由本社图书营销中心调换

前　言

校园文化作为一种文化形态，是社会主义精神文明在学校的体现，是一所学校独特的精神风貌，也是学生文明素养、道德情操的综合反映。在校园文化中，一个重要的组成部分就是高校体育文化。由于高校特殊的群体性，这种体育文化就成为一种具备深刻内涵和丰富外延的社会文化现象，是大学生在进行校园体育实践中形成的物质和精神财富。校园文化建设既可以反映学校的综合办学水平，又可以培养具有创新精神和实践能力的高素质人才。本书对高校体育文化的内涵、特征与功能及其营造高校体育文化的基本途径做初步的理论探讨，阐明高校体育文化在高校文化建设中有着独特的地位和作用。

当然，在新常态下高校体育文化建设的过程中，我们也不得不面对各种新挑战和新问题，例如不良社会思潮的冲击；对精神层面的内涵强化不足；脱离办学实际，缺乏特色；制度建设滞后，管理流于形式等。这就要求文化的建设者们在弘扬主旋律的同时，以先进文化引领高校体育文化建设；将服务素质教育、高校体育文化建设融入和谐发展理念。契合办学特色，建设独具特色的校园体育文化，是高校体育文化发展的方向。本书的撰写也正是基于这样一种责任感。

本书以章节布局，全书共分为六章：第一章主要对文化及体育文化理论进行讲述，主要内容有文化的概念与分类、文化研究与文化学的产生以及体育文化；第二章主要对学校体育文化的现状与发展进行分析，主要从学校体育文化的发展现状与问题、学校体育文化的发展策略以及学校体育文化的交流与传播等方面进行讨论；第三章的讨论重点是学校体育文化的要素、特征及物质形态，内容为学校体育文化的要素、学校体育文化的特征与功能以及学校体育文化的物质形态；第四章的内容为体育教学与学校体育文化的融合，分别从体育教学改革中的文化动力、体育教学与学校体育文化的关系、学校体育教学中体育文化的传承和体育教学与学校体育文化的融合发展等方面展开阐述；第五章主要针对的内容为学校体育文化管理及建设，分别从学校体育文化管理和学校体育文化建设两方面展开分析；第六章也是本书的最后一章，阐述的内容为学校体育文化体系的建设，主要从学校体育物质文化层建设、学校体育精神文化层建设以及学校体育制度文化层建设三方面进行分析。

在撰写本书的过程中，作者吸取了多位学者关于高校体育文化建设的研究与探讨成果，在此表示感谢。由于时间和精力以及作者的能力所限，书中难免有不当和错误之处，敬请各位专家和读者批评指正。

作者

2018 年 9 月

目 录

第一章 文化及体育文化理论 ················· 1
  第一节 文化的概念与分类 ················· 1
  第二节 文化研究与文化学的产生 ············· 10
  第三节 体育文化 ······················ 21

第二章 学校体育文化的要素、特征及功能 ········· 34
  第一节 学校体育文化的要素 ··············· 34
  第二节 学校体育文化的特征与功能 ············ 40

第三章 学校体育文化的现状与发展 ············ 47
  第一节 学校体育文化的发展现状与问题 ········· 47
  第二节 学校体育文化的发展策略 ············· 62
  第三节 学校体育文化的交流与传播 ············ 70

第四章 体育教学与学校体育文化的融合 ········· 77
  第一节 体育教学改革中的文化动力 ············ 77
  第二节 体育教学与学校体育文化的关系 ········· 88
  第三节 学校体育教学中体育文化的传承 ········· 96
  第四节 体育教学与学校体育文化的融合发展 ······ 102

第五章 学校体育文化管理及建设 ············· 105
  第一节 学校体育文化管理 ················ 105
  第二节 学校体育文化建设 ················ 114

第六章　学校体育文化体系的建设……………………………… **134**
　第一节　学校体育物质文化层建设………………………… 134
　第二节　学校体育精神文化层建设………………………… 143
　第三节　学校体育制度文化层建设………………………… 150
参考文献……………………………………………………… **160**

第一章 文化及体育文化理论

在庞大的文化学学科中,体育文化学只是其中的一个子学科,它其实是在文化学研究和发展的基础上产生的一门学科,严格意义来说,它属于一门交叉学科。体育文化作为人类文化的一部分,我们不仅要了解体育文化的历史,还要了解文化和文化学的概念。在我们认识和理解文化概念的基础上,首先要对文化学的产生与发展的过程做一个大致的了解,这也是认识文化科学最基本的步骤。

那么,文化是什么呢?或许在我们每个人心里都认为科学知识就是文化、文学艺术就是文化、生产生活方式就是文化,而生产生活方式又包括生活观念、地域风俗等,我们认为这都是文化。但以上所述,应该说是对一种文化现象的描述,并不能全面地体现出文化概念的核心和主旨。

在社会生活中,文化可以说是无处不在的,有人群的地方,就一定会存在文化。文化既通过物质的形式表现出来,又可以通过非物质的形式存在于人们的思想意识之中并通过人的行为表现出来。

人属于一种特殊的文化动物。从文化学的观点来看,一个人是否有"文化",是否是一个"文化人",都取决于个人的生活,取决于这个人想干什么和正在干什么。学校是以育人为主的专业化组织,师生员工们的所思所想和他们正在干些什么,直接影响了它能否有效完成自己的社会职责。

第一节 文化的概念与分类

文化对于我们来说,既熟悉又陌生。熟悉是因为,我们感觉文化就在我们身边,已经融入到了日常的生活中,比如语言、文字等。那为何又会觉得陌生呢?我们好像说不清文化到底是什么,它似乎无处不在,但我们却不能用简单的话语来描述它。

我们不难发现,文化是一个十分广泛的概念,不少国内外的哲学家、社会学家、人类学家、历史学家和语言学家一直在努力为"文化"下一个定义，迄今为止，国内外对文化的定义已多达 300 余种，每一定义都是从不同的学科角度来界定的，这也能看出，文化的定义是很难精准而全面地描述出来的。美国著名的人类学家洛威尔曾这样说："在这个世界上，没有别的东西比文化更难捉摸。我们不能分析它，因为它的成分无穷无尽；我们不能叙述它，因为它没有固定的形状。我们想用文字来定义它，这就像要把空气抓在手里，可是除了不在手里，它无处不在。"由此可见文化的高深莫测。

一、什么是文化

我们可以认为，文化是历史的产物，是人类社会发展的产物，甚至可以说，是人类社会在历史发展过程中所创造的产物。历史决定了当今的文化，在人猿时代，人和其他动物一样，并没有社会的概念，也谈不上所谓的生活条件，只是处在维持生命的状态，思想自然也不能得到进步，更提不上"文化"。文化是从人类进化成人之后，并从事了生产劳动才产生的，我们伟大的祖先们在劳动中发明了工具，创造了语言、文字，使人们能够交流，从而能表达出自己内心的想法，这才慢慢地产生了文化。

从古至今，国内外有许多解释。但综合起来，究其本质，我们还是可以从相关资料中了解到"人类在不断认识自我、改造自我的过程中，在不断认识自然、改造自然的过程中，所创造的并获得人们共同认可和使用的符号（以文字为主、以图像为辅）与声音（语言为主，音韵、音符为辅）的体系总和。用更简练的文字表达，则可缩写为：文化是语言和文字的总和"。但是这只是一个概括的说法，我们必须在了解文化本意的基础上，才可以运用。文化是一定社会政治和经济的反映，同时作用于一定的社会政治和经济，从旧石器时代的发明创造，到康梁的维新变法、何子渊的教育革新，再到孙中山的民主革命，无一不是推动社会向前发展的动力。

"文"的本意是各色交错的纹理，后又被引申为包括语言文字在内的无数象征性的抽象符号，后来又具体化为文物典籍及礼乐制度，具有修饰、修养、人为加工以及善、美、德行之意。"化"的本意为发生、变化、造化。

文化还具有广义和狭义之分，广义文化指人类在社会历史发展过程中所创造的物质财富和精神财富的总和，狭义文化指社会的意识形态以及与之相适应的制度和组织机构。

下面我们就具体探讨一下文化的含义。

（一）文化的概念

我们要了解文化、研究文化就必须要对文化的定义有一个大致的把握。那么，文化到底是什么呢？在我国《现代汉语词典》中"文化"一词是这样定义的：人类在社会历史发展过程中所创造的物质财富和精神财富的总和，特指精神财富，如文学、艺术、教育、科学等。

在上文中我们也提到，文化的定义并不唯一，是多种多样的，因此，我们来看看不同学科的学者，从不同的角度对文化进行的理解。

1. 国内对文化的理解

作为"四大文明古国"之一的中国，中华文明是世界古老文明中唯一在文化方面能够延续至今的文明。我国文化源远流长，各界学者们对于文化的理解更是层出不穷。

在李二和的《舟船的起源》中，他这样认为："文化本不属人类所独有，我们更应该以更开放和更宽容的态度解读文化。文化是生命衍生的所谓具有人文意味的现象，是与生俱来的。许多生命的言语或行为都有着先天的文化属性，我们也许以示高贵而只愿意称它为本能。"

著名国学大师钱穆认为："文化只是'人生'，只是人类的'生活'。唯此所谓人生，并不是指个人人生而言。每一个人的生活，也可说是人生，却不可说是文化。文化是指集体的、大群的人类生活而言。在某一地区、某一集团、某一社会，或某一民族之集合的大群的人生，指其生活之各部门、各方面综合的全体性而言，始得目之为文化。"

2. 国外对文化的理解

在遥远的西方，"culture"一词指：人类物质活动所产生的结果，是相对于自然存在的事物而言的。这也就对西方文化在最初的文化概念演变中，就具有了物质和精神活动产物的双重规定，这两点结合起来被归结为人类所创造的产品。18世纪，人类学开始兴起，"culture"一词也就受到了广大学者的重视。

德国的哲学家康德对文化的理解是："有理性的实体为了一定的目的而进行的能力创造。"

英国著名文化学家泰勒在《原始文化》一书中提出这样的观点："文化或文明，就其广泛的民族学意义来说，是包括全部的知识、信仰、艺术、道德、法律、风俗以及作为社会成员的人所掌握和接受的任何其他的才能和习惯的复合体。"泰勒的文化定义，被认为第一次给文化一个整体性的概念,并为后来的文化研究奠定了基本的范畴,因而具有跨时代的意义。由此之后,文化人类学的研究在西方迅速发展,掀起了文化研究的狂潮,并深刻地影响着历史、文学、艺术等领域的研究。

3. 文化的概念

从以上来自不同学术领域的学者们对于文化的定义中可见,虽然他们对文化的理解不尽相同,但都有一个共同的特点就是强调了文化不是由个人的生产活动现象产生的,而是在社会的发展中,甚至人类的发展进步中逐步形成的。

在当今社会中,比较认可的且具有时效性和时代感的文化界定,是由当代人类学家、文化学者张荣寰所提出的:广泛意义上的文化就是由人类所创造出来的所有物质和精神财富的总和。其中既包括了世界观、人生观、价值观等具有意识形态的部分,也包括自然科学与技术、语言、文字等非意识形态的部分。他认为,文化是人的人格及其生态的状况反映,是人类社会才有的特有现象。文化是人创造的,也是人类社会所特有的。只有人类社会存在,才会有文化,文化是人们社会实践的产物。

综上所述,文化属于一种社会现象,是人类在长期的生产生活中所逐步形成的产物,与人类社会的发展密不可分。文化也同样是一种历史现象,是社会历史的产物。文化是人类思想和行为在社会实践中的综合体现。

那么,我们要如何来理解这种综合体现呢?

国学大师钱穆认为:文化具有传统性和综合性,对于文化,我们一定要从多个角度来理解。若不了解文化中各方面交互相连的内在意义,就不能全面地了解文化。

英国学者雷蒙·威廉斯也提出过相似的想法:文化理论是要研究文化整体中各个部分间的关系,而正是这些关系导致了文化机制的复杂性,只有理解了文化各部分之间的关系,才能从整体上对文化机制加以把握。

文化的内容极其广泛,大到一个国家或民族的历史、地理,小到风土人情、传统习俗、生活方式、文学艺术、行为规范、思维方式、价值观念等,正是因为这些,才定义出了文化,即人类在社会历史发展过程中所创造的物质财富和精神财富的总和。

(二)文化的特点

文化其实也就是人生,我们知道人生都存在一个成长的过程。在此过程中,生活是在不断变化的,"有一不变者贯注其中,此之谓常,乃生命。

惟生命有长有成，乃生活之目的"。由此可见，生活仅仅是生命长成的基本手段。

此"一不变者"，在中国传统文化中，管它叫作"性"。在此过程中，不断接近目标，在中国传统文化中，管它叫作"道"。性道合一，也就是中国人的最高理想，也是中国文化中的伟大精神核心。

文化的定义多种多样，从每个方面来看都有对文化独到的理解角度，文化既然是一个综合的、复杂的概念，那么文化的特点也是十分丰富的。以下是文化最有代表性的八个特点，这些特点能够让我们更好地认识文化、了解文化。

1. 共有性

文化是被集体共同承认的概念、价值观和行为准则，文化与社会密切相关，没有社会就不存在文化，人们在特定的情况下，会做出相同的反应。文化是具有共有性的，而不是统一性，因为文化只作用于特定的时期和特定的区域。

2. 差异性

在同一个社会中，文化也是具有差异性的。在社会中不同职业的人对文化的认知方面和程度都是不一样的，这就是文化差异性的体现。并不是所有人对共有性的文化都采取全盘接受的状态，在任何人类社会中，从男女到老少，接受事物上都会有所差别。就好比"童言无忌"可以用在孩子身上，却不适用于成年人。

3. 系统性

文化的核心来自历史传统的传承，文化虽然看不见、摸不到，却的的确确地影响着我们的生活，这是因为，文化具有清晰的内在的结构或层次，有一定的规律，这之中包括或内隐或外显的行为方式，通过文化系统，我们就可以学习并传递这种文化。

4. 抽象性

文化是一种很抽象的概念，它其中最重要的是语言和文字，但也包含其他表现方式如图像、肢体动作、行为模式等，在整个文化体系当中，概念大部分都是通过抽象的说明根深蒂固的，我们通过抽象的概念去了解、去认识我们身边的种种事物。

5. 相对稳定性

文化是在社会活动的发展中逐步形成的一种能够引领人进步的，处在不断变化更新中的综合体系，但与此同时，文化相对于某一特殊时期的生产生活来说又是较为稳定的，相对成熟的文化能够规范并调节当时的生产生活，对当时社会起到重大的推动作用。

6. 强制性

文化是祖先留给我们的宝贵的遗产，是社会历史的产物，但我们并不能由自己来选择文化，因为文化环境早在几千年前就已经形成了，我们来到这个世界上，在什么样的文化中就已经定下来了，尽管以后这里的文化会有所改变，但文化早已在你的脑海中根深蒂固了。我们其实也是文化的参与者、制造者，文化的形成离不开我们任何一个人，而且我们可以创造出更加辉煌的文化。

7. 习得性

文化不是与生俱来的，而是通过学习得来的。从牙牙学语到大学教育，都是在学习文化，我们只有通过不断学习，才能逐渐掌握文化。从另一个方面来看，大自然中的动物其实也具有各种各样的文化行为能力，只是动物并不能像人一样将文化或用语言或用文字表达出来，例如捕食方式、伪装方式等。当然，这与人类社会中复杂的文化体系相比就是小巫见大巫了。

8. 独立性

在一定程度上，文化与我们是分离的，文化从来都不是属于任何一个人的，文化是属于全人类共同的财富。我们只是文化的传承者，只是在使用文化来充实自己，让文化发挥出最大的效用，但文化本身是独立存在的，文化也可以由一个传承者向下一个传承者传递下去。

二、文化的分类

由于各个民族、各个国家所处的环境不同，在不同社会文化的形成过程中，导致了其文化内容及其表现形式存在各式各样的差别：如物质生产方式的差别、社会制度的以及思维方式、生活方式、风俗习惯等方面也或多或少会有些不同。因此，不同民族对文化的分类也有所不同。依据分类的不同，文化在分类上的表达也就有所不同。在此，为大家简单介绍几种我们常见的分类。

目前，对于文化的分类大致有以下几种方法：两分法，即根据文化的结构和范畴直接把文化分为广义和狭义两种概念。物质文化、精神文化、制度文化三层说；物质、制度、行为、心态四层说；物质、社会关系、精神、艺术、语言符号、风俗习惯六大子系统说等。

还有些人类学家将文化分为三个层次：大众文化、高级文化和深层文化。其中，大众文化一般指习俗、仪式及衣食住行、人际关系各方面的生活方式；高级文化包括哲学、文学、艺术、宗教等高层次的文化；深层文化主要指价值观的美丑定义、时间取向、生活、节日和解决问题的方式方法等，还包括性别、阶层、职业、亲属关系等相关的个人角色。大众文化和高级文化是植根于深层文化中的，而深层文化中的某一概念又以习俗或生活方式的方法反映在大众文化中，以艺术形式或文学主题等方式反映在高级文化中。

在这里，我们主要来研究根据文化的内容结构来对文化进行分类的方法和特点。从文化内容的结构来看，文化主要包括物质文化、精神文化和制度文化这三种。物质文化作为基础，是伴随人类社会的发展的而产生的；精神文化是人类对物质世界和物质文化认识和反思的结果，它不仅仅推动了物质文化的发展，更标志着人类文化迈入了新的台阶；制度文化实际上是精神文化的一部分，也是人类文化发展中的重要分支，若是缺少了制度文化的规范，我们社会的文化发展将会是一盘散沙。

（一）物质文化

物质文化是指人类在生产生活的活动中创造出来的各种物质文明文化，在中国，物质文化具体包括交通工具、服饰、日常用品等，是一种具象的显性文化。

在社会生活中，人们为了获得衣、食、住、行等生活必需的物质材料，在一定的生产过程中创造和使用生产工具进行生产活动，那么创造物质财富也就是生产资料和消费材料，进而产生了人类的物质文化，即由物质生产所创造的文化。因此，物质文化中包括物质生产活动中的生产者、生产工具、生产关系以及所创造的物质财富。物质财富实则是人类文化的物质基础，也就是说，人类的精神文化必须建立在物质文化的基础上，只有有了稳定的物质基础，才会产生良好的精神文化。

最早的人类文化出现是以物质文化的形式为标志的，是在距今一百多万年前的石器时代，人类为了生存，学会了制造简单的劳动工具，如石锤、石斧、弓箭等，并因此提高了狩猎效率。这也是最初人类原始文明的雏形，或者说人类原始文化的起源。当人类社会进入农耕时代后，人类凭借多年的生产生活经验发明了各种木制工具和铁制工具，并开始用生产工具从事农业生产，由此摆脱了采集式的生活方式，也让人类不再依靠天然食物为生，能够自己进行生产活动、维持正常生活。那么，这些包括劳动生产工具以及劳动生产成果在内的物质实体都将会成为人类物质文化的一种基本表现形式。以至于从人类的封建社会到资本主义社会，其中的每一个历史时期的进步均是以生产技术、生产工具的进步和所生产的各种物质产品来体现人类物质文化进步的。

物质文化在大多数情况下是以一定的物质形态表现出来的，除了在不同历史时期的劳动工具形态和结构各有不同外，在人类历史中留下的各种各样的物质文化遗产也都不尽相同。如中国的古长城、埃及的金字塔、印度的泰姬陵等，它们不仅建筑风格各异，呈现出不同的物质形态，同时，从文化的层面上来说，它们的建筑技术、建筑风格和建筑理念也各不相同，这充分地体现出不同国家所具有的独特的文化观念。通过考察不同国家和不同民族的生产生活方式，我们可以发现，在不同的文化背景下，无论是从生产工具、生活用品，到房屋的样式、结构，服饰的样式、面料等方面都会有不同，这些形态各异的物质产品所表现出来的就是不同的文化风格和文化理念。

（二）精神文化

精神文化是指"属于精神、思想、观念范畴的文化。是代表一定民族的特点，反映其理论思维水平的思维方式、价值取向、伦理观念、心理状态、理想人格、审美情趣等精神成果的总和"。

在理论上看来，精神文化是人类在改造客观世界和主观思想的过程中所取得的精神成果的总和，也是人类智慧和道德水平的表现形式。它主要体现在两个方面：一方面是科学文化方面，包括社会的文化水平、知识水平和智慧水平的综合状况，以及教育、科学、艺术、文化等各项事业的发展规模和发展水平。第二方面是在思想道德方面，其中包括了社会的政治思想、道德面貌、社会风尚以及人们的世界观、理想、情操、觉悟和信念以及组织性、纪律性等因素，也就是人类在劳动实践当中创造出来的文学艺术、科学技术和知识经验等。

文化结构系统是由物质文化和精神文化所组成的，两者之间既有不同，又有着密不可分的联系，不可分割。首先，物质文化作为精神文化的基础，如果没有物质生产活动提供物质产物，那么我们就不能产生物质文化，更无法满足人们对物质财富的需求，因而精神文化也就不可能存在。另外，在物质财富的创造中一直都有人类的精神思想活动参与其中，也就是说，人类的生产行为都是在一定的思想指导下进行的。其次，精神生产活动所创造的精神产品都有具体的物质形态，例如书报、图片、各种艺术品等。精神文化还对物质文化的发展提供了源源不断的精神动力和科学、智力方面的支持。

精神文化是人类生活中不可或缺的部分，它不仅仅是人类认识客观世界的抽象体现，同时也是人类思维活动的提炼和升华。它不仅仅决定了人的精神生活、精神状态和精神实质，更体现了人的本质属性。精神文化在社会的发展过程中和物质文化一样不容忽视，它不仅塑造了个人自身的品格，还是国家和民族凝聚而形成的纽带，更是一个民族乃至一个国家文明水平的体现。

因此，无论社会处在哪个发展阶段，物质文化的发展一定是和精神文化的发展紧密联系在一起的，二者相辅相成，共同推动整个社会文化水平的发展。

但是我们仍需要注意，精神文化的发展与物质文化的发展并不一定是同步的。因为精神文化等同于是一种主观观念，人的观念一旦形成，便具有相对的稳定性和滞后性，不会轻易改变。所以，在思想观念和物质文化发展一致时，就能够推动社会物质文化的发展，反之，就造成社会物质文化发展的障碍。我们可以从人类历史发展的每一个重大时代变革中看出，想要推动社会的发展进步、适应当前社会生产力的发展，必须首先变革人们精神文化上的思想观念，否则，社会发展就会停滞不前，甚至带来更严重的后果。

（三）制度文化

制度文化在人类社会的发展过程中，是在生产方式的基础上所形成的社会制度以及各种社会行为规范。这些社会制度和行为规范都有明确的规定（如法律条款、群体组织内的规章制度等），还有一些是传统约定俗成的（如风俗、习惯等）。它们之间相互联系，相互渗透，又互为补充，共同调节着人们的各种社会关系，并规定了人们活动的方向、方法以及式样，例如语言和符号的使用对象和方法等。

制度文化的主要体现是社会关系和社会组织。社会关系是制度文化产生的基础，而生产关系又是各种社会关系的基础。人类社会在生产关系的基础上，产生了各种各样的社会关系。这些社会关系不仅仅是文化的一部分，也是人们创造文化的基础。社会关系的确定，首先要有组织保障。社会组织是实现社会关系的载体,一个社会要建立诸多社会组织来确保各种社会关系能够有效运行和实现,例如家庭、公司、学校、政府、军队等都是保证各种社会关系运行的具体载体。我们这里指的社会组织包括目标、规章、一定数量的成员和相应物质设备在内,不仅包含物质因素又涉及精神因素。社会关系和社会组织紧密相连,它们共同成为文化的重要组成部分。

社会制度的基本是经济制度,所谓经济制度也就是把经济关系(生产关系)的三个方面进行统一管理,其中包括生产资料所有制形式、人们在生产中的地位和相互关系以及产品的分配方式,特别是要注意生产资料的制度化,以便管理和调整经济活动机制。除此之外,由经济制度决定的政治制度、法律制度和教育制度等,都属于为了适应物质文化发展需要而形成的制度文化。

为了调整人与人的关系和人与社会的关系,使社会生产能够井然有序地进行,使人与人、人与社会之间能够形成一种彼此和谐的状态,我们需要社会制度的建立健全。因此,我们说,人的行为规范也是制度文化中的重要内容。行为文化包括人际交往中约定俗成的礼俗、民俗、风俗等抽象的概念所表现出来的行为模式,它们都具有鲜明的民族特征和地域特色。

综上所述,人们对文化的分类千变万化,根本原因在于人们对文化含义的理解存在着差异,但是对于物质文化的认识却是基本上一致的。我们提到的两分法即文化包括物质文化和精神文化;三分法、四分法又将精神文化进行了细化区分,分为制度文化、思想价值文化等。从根本上来说,这些分法只是我们对文化的理解上的不同,但对于精神文化的内容来说,并没有实质性的区别。

第二节　文化研究与文化学的产生

文化学是一门综合性学科,它主要研究的是文化的起源、演变过程、传播方式、结构功能和特征本质,以及文化的特点和共性、特殊规律等一系列问题。这里提到的文化研究并不是实际意义上的研究文化。文化研究在欧洲兴起,在20世纪60~70年代,它更多的是对文化现象的内在理论进行分析和探究,从而反映出当今社会的现实意义。文化研究也不是对特殊的、个别的文化进行研究。文化在这里,并不是现实意义中相对应的文化,而是被人类创造并为人所用的含义。

一、文化研究

从古至今,文化研究都是人类一项重要的社会活动。社会物质形态的变化和精神形态的表现都是文化的体现,文化研究与文化实践有效地推动了社会发展的脚步。文化研究从其本质上来说,是人类对自身行为活动不断反思的过程,人类社会对文化的传承和在生活中不断实践的结果就是社会发展的根本。

现在看来,文化已经不再属于高等范畴,它应该存在于人们的日常生活中,应该属于广大人民百姓。文化研究自开展以来在中西方文化界都产生了翻天覆地的影响,同时为文化发展、文化传播和文化交流等领域带来了前所未有的创新。

"文化研究"和"文化"是两个完全不同的概念。文化研究不仅运用社会学、文学理论、媒体研究和文化人类学来探索工业社会中存在的文化现象,文化研究者还时常关注现象的产生方式,其与意识形态、种族、社会阶级或性别等因素的关系。

(一)文化的起源

从 19 世纪末,文化才作为一门单独学科进行研究。1871 年,英国人类学家、考古学家、文化学家泰勒出版的《原始文化》一书,从人类学的角度阐述了文化在人类文明进程中的作用及意义,为我们展现了人类从野蛮时代到文明时代的进化过程,并由此拉开了文化学研究的序幕。

我国的文化学研究始于 20 世纪 20~30 年代,到 80 年代出现了一个"文化热"的风潮。自 80 年代末至 90 年代开始,我国的高校相继开设了文化学科目的课程,这对于文化传播和文化发展起到了至关重要的推动作用。

如今各种版本的文化学在内容和构建方面各有千秋,但始终未形成统一的学科结构模型。不过这也正验证了学术研究的普遍规律:百花齐放,百家争鸣。只有多种多样的学术研究方针,才能有更多的学术研究成果出现,并由此推动文化学以及各学科的研究发展。

(二)文化对文明的影响

我们在探讨"文化"概念的同时,一定要对"文明"一词稍加解释,因为这两个词的内容和意义十分接近,有时甚至被我们混用。例如,在日常生活中,常有人将传统的知识分子或行为举止优雅得体之人称作"文明人"或"文化人",虽然在这种时候"文明"和"文化"几乎是同义的,但是"文明"和"文化"之间还是存在明显的差别的。

1. 文化与文明的一致性

我们常认为,文化与文明在性质上看来是具有一致性的,它们都是对特定民族、社会以及社会中特定人群、特殊形态的一种反映。在人类社会发展的过程中,文化总是先于文明产生,从人类开始从事生产生活劳动时起,文化就已经出现了。早期,人类还处于愚昧和野蛮时代,虽说这一时期标志着愚昧和野蛮的文化已经出现,但文明还并未出现。正如英国著名文化学家泰勒所说:"文明是人类文化发展的特定阶段,是文化演进中的一定时期,是文化中的亚文化。原始文化发展到一定阶段才有文明的出现。高级的文化才可称为文明。"

文化的发展和传播一定是具有延续性和传承性的,并且,随着物质文化的发展和进步,人类文化也必然要经过从低谷到高潮的发展阶段。因此,反映某一时期文化进步水平的文明也同样是一个从低谷到高潮的发展过程。由此我们就可以看出文化和文明的一致性,也就是说,文化发展决定了文明的进步,文明水平反映了文化的发展程度。

美国杰出的历史学者爱德华·迈克诺尔·伯恩斯曾说:"由于每个文化都有其自己的特点,由于这些文化比其他文化发达得多,我们完全可以说文明是一种先进的文化。一个文化一旦达到了文字已在很大程度上得到使用,人文科学和自然科学已有某些进步,政治的、社会的和经济的制度已经发展到至少足以解决一个复杂社会的秩序、安全和效能的某些问题这样一个阶段,那么这个文化就应当可以称为文明。"因此,历史学家们常常把人类历史发展的某一特殊阶段或某一国家、某一民族所具有的鲜明的文化特点叫作文明,如古中国文明、尼罗河文明、波斯文明、古印度文明、古希腊文明、古罗马文明等。不同的文明在文化的表现形式上也不尽相同,因为文化与文明从性质上说是具有一致性的。英国教育家、文化学家马修·阿诺德在解释文化与文明的关系时提到:教育是文化转变为文明的重要手段和媒介。"学校会让住在学校周围的居民变得更加文明。工人阶级的孩子必须首先被开化,而后才能被教导""中产阶级的孩子接受教育的目的是为将来获取权力做准备,从'狭隘、偏激'惹人讨厌的中产阶级转变成为文明、自由、高贵的中产阶级,只有这样的中产阶级,才能心甘情愿且忠心耿耿地奉献热情"。因此近代欧洲更加注重学校教育,注重德、智、体的全面发展,目的就是为了造就适应时代发展需要的"文明人"。在我们看来,阿诺德的看法虽然充满了阶级歧视,但他提出的"文化作为一种教育内容，能够促使文明形成"这一说法是毋庸置疑的。

2. 文化与文明的区别

文化和文明不仅具有一致性，在一定时期或特定条件下，还具有一定的对立性，即文化与文明的发展表现出对立性。一个社会的文明水平不只是由物质文化决定的，同时还包括非物质文化即精神文化，两者的协调发展才能真正体现出社会的文明程度。文明是文化的显性状态，例如物质文化的先进技术与设备、高楼大厦以及优裕的生活条件都能显示出一个国家或民族的物质文明水平。

从历史的角度看，古希腊的文化与文明著称于世界，随着时间的推移、社会的更迭，希腊人所建造的城市和港口、军队和金银财宝无不在历史进程中灰飞烟灭，但他们的文化和艺术却流传至今。

从当今时代来看，情形恰好相反，一些国家和地区为了发展经济，推动社会发展，以发达国家为目标进行大跨步式的前进，结果是物质文化迅速发展，道路四通八达、无数栋高楼拔地而起、社会物质产品不断丰富，但社会的文明水平却停滞不前。

从表面上看是文化与文明的发展不同步造成的，实质上则是制度文化不适合当今物质文化发展所造成的。从社会群体或个人来看，其文明水平高低不完全取决于一个国家或民族文化底蕴的强弱，因为文明的体现是一个教化的过程，是将文化通过自觉或灌输的方式转化为个人或群体的行为，才能使之体现出文明。这体现出文化的发展是持续的、永恒的，文明的发展是呈阶段性的。

一个国家、一个民族的文明主要体现在社会群体和个人的文明，而群体和个人的文明，在一定社会发展阶段又往往与国家和民族文化甚至个人的文化程度无关。

从一般意义上说，有文化的人自然是文明的人，但事实并不如此。在生活中我们常常看到，一些社会名流、官员甚至知识分子在很多场合的行为举止并不文明。中国文化自古以来就强调修身养性、正人先正己，这既是一个自我教养的过程，又是一个文明的造就过程。

所以，文化和文明在一定意义上是有区别的，并不能说有文化就一定表现得文明或文化程度越高就越文明。而只有将文化的规范体现在思想和行为上，才表现出文明的状态。

二、文化学的产生

文化起源于人类早期的生活、生产活动，在漫长的社会历史发展过程中，人类为了生存和生活不断探索，积累了丰富的经验，并将这些经验又运用于实践之中。

对于文化内容的研究，诸如历史、哲学、宗教、艺术等，在每一历史时期都以不同的形式和内容呈现出来。因此，我们从历史中可以发现各个门类学科中的研究成果数不胜数，丰富多彩。但是，将文化作为一门独立学科进行研究，则是从近代欧洲开始的。

（一）文化学的创建

在文献资料中是这样来定义文化学的："文化学是一门以人类文化现象及其发生、发展规律为研究对象的学问。它是一门综合性的人文科学，涉及人类文化的各个方面，但不包括各个领域的专门研究，而是着重考察体现在人类文化各个层面或子系统之间的相互联系和关系，以及文化现象和自然现象之间的相互联系和关系。"由此揭示出文化的结构、特征及其发展规律的。

在17~18世纪，西方资本主义社会有了较大的发展，新兴资产阶级的力量日益壮大，但碍于当时欧洲专制主义、教权主义占统治地位的政治局面，资产阶级为了反对封建的专制制度，发起了一场启蒙性的文化运动，他们批判封建专制、反对教权、呼唤理性，追求民主、平等和自由，并在政治上产生了巨大且深远的影响。

著名的启蒙运动哲学家康德曾提出："启蒙运动就是人类脱离自己所加之于自己的不成熟状态。不成熟状态就是不经别人的引导，就对运用自己的理智无能为力。当其原因不在于缺乏理智，而在于不经别人的引导就缺乏勇气与决心去加以运用时，那么这种不成熟状态就是自己所加之于自己的了。"启蒙运动意在强调人本主义和科学主义，也极大地推动了科学的发展和社会的进步。在传统的欧洲启蒙运动中，文化的概念和文化学研究也相继提出。

在近代欧洲的思想启蒙运动中，大批资产阶级知识分子投入其中并著书立说，这一做法不仅推动了启蒙运动的发展，更推动了科学研究的发展，文化学就是在这样的背景下产生的。

其中，对文化研究和文化学的创建做出贡献的主要代表人物有德国著名哲学家、诗人、语言学家约翰·哥特弗雷德·赫尔德，德国哲学家、天文学家伊曼努尔·康德，英国评论家、诗人马修·阿诺德以及英国人类学家泰勒等。

赫尔德作为德国浪漫主义文学的先驱，对18世纪德国文学复兴起了重大的影响作用。赫尔德认为，人类和自然的成长与衰颓都是依循着相同的法则。他说："要表达人类每个个体的特殊品质是多么的困难！要精确地说出什么可以将某人与其他人区别开来又是多么的不可能，包括区别他的生活与感受的方式！所有的事物一旦被眼睛看到、被灵魂捕捉、被心灵感受后，又是如何的不同和具有个体性！一个人的性格究竟有多复杂，无论观察过多少次，仍然没有词语可以恰当地描述它，即使有，也不能为人们所辨认，致使难被所有人理解和感受。如果真是这样，只看一眼，只用一种感觉，只用一个单词，就试图掌握所有民族、时代、文化和国家，会怎么样呢？词语，苍白的皮影戏！必须还要加上这样一整幅生动画卷：生活方式、行为习惯、欲望、大地与蓝天的各种特征，或者预先提供这些。如果一个人想要感受其中的某个倾向、行为或者所有的一切，就必须从了解一个民族开始。"

在上述观点中，赫尔德所表述的"精神""灵魂""民族特质""生活方式"和"行为习惯"就是我们今天所说的"文化"。因此，弗雷德·英格利斯将赫尔德称为"是为文化定义做最初注释的天才先锋"。

18世纪德国著名哲学家之一康德这样认为："我们每个人可以将思维过程和观察的形式转变成知识的基础。与生俱来地想要理解自然的本能使我们有了'超验性'的理解框架，'理解'本身就是自然的立法者，是他最有名的论断。""他把个体的人的作用置于创造的核心。通过这个途径，创造性地为人类提供了一个世界，使其找到可居之处。对那些已经开始掌握这一概念的同时代人了解到文化是'概念框架'的形式和内容。"

曾任英国拉格比中学校长的马修·阿诺德是著名教育家托马斯·阿诺德之子，子承父业，也成了英国著名的教育家。1869年，阿诺德发表了他的经典作品《文化与无政府状态》，这部作品被誉为"第一本关于文化的圣书"，书中对文化下了定义"是通过逐步了解来追求我们心中的至善，相信如果一个人允许'在自己原先固有的观念和习性基础上能够不落俗套地自由地发展一些全新想法'时，那么他就拥有了文化。"阿诺德在完成他的作品时总结道："这（文化救赎力量的原则）是一种社会观点，文化人才是平等的真正倡导者。"

阿诺德指出，"考虑这些人们，进而考虑他们的生活方式、习惯和举止态度""观察他们所阅读的文学作品，观察能够给予他们快乐的事物和他们嘴里说出的话，武装他们头脑的想法。如果一个人即将成为这类人，那么他值得拥有哪怕是一丁点儿的财富吗？"

由此可见，阿诺德对文化理解在于挑选出生活的特质，这些特质不是包含艺术就是提供艺术基础，尤其是提供道德艺术一类的基础原理。他为文化这一概念注入了无限的可能性，以帮助人类取得"无止境地扩大自身的能力""智慧与美貌生存"。

泰勒是英国著名的人类学家、考古学家，在1871年出版了《原始文化》一书中，泰勒首次从人类学的方面来研究文化。据后人记载，"泰勒不仅确立了用文化来区分不同的异地生活方式，也认可通过研究外族人的方式来审视本族人。不过，该书的影响还远不止这些。《原始文化》和泰勒之前的著作《人类早期历史研究》标志着英国人文历史上重要时刻的到来，从此开始了对社会制度的系统研究"。

泰勒在《原始文化》中提出的广义的文化概念：文化，或文明，从广泛的民族学意义上来说，包括了全部的知识、信仰、艺术、道德、法律、风俗以及作为社会成员所需掌握和接受的其他能力和习惯的综合表现形式。泰勒认为，人类的文化史属于自然史的一部分，他把民族志方面的材料用于宗教史的研究，并提出了万物有灵论。

在18～19世纪间，欧洲的先进知识分子在各自不同的学科研究报告中相继提出了文化的概念，并从不同角度对人类文化进行了详细阐述，因此，文化逐渐成为一门独立的学科作为研究对象，并产生了文化学研究。

（二）文化学的发展

中国的文化学研究是从20世纪开始的，研究主要分为三个阶段。第一阶段是民国的"北洋政府"时期——新文化运动。"新文化运动"又分为前期和后期两部分，前期是从1915年到1917年，后期是从1919年到20年代末。前期，也就是第二阶段，从1934年到1949年，民国"国民政府"时期的"新生活运动"，后期也就是第三阶段，是20世纪80年代以后的"文化热"。

1. 新文化运动：中国文化学研究兴起

在20世纪早期，中国先进知识分子组织并发起了一次文化革新运动——新文化运动，该运动的代表人物主要有陈独秀、鲁迅、胡适、李大钊等。新文化运动的内容与宗旨是"提倡科学与民主，反对愚昧与专制；提倡新道德，反对旧道德；提倡新文学，反对旧文学"。到了新文化运动的后期，这些先进的知识分子们，例如陈独秀、李大钊等又开始研究并传播马克思主义的重要思想。

1915年，陈独秀先生在上海创办《青年杂志》（原名《青年杂志》，后第二期改名为《新青年》），标志着新文化运动兴起。新文化运动推动了中国现代社会的历史进程，并迅速在中国的兴起和发展，新文化运动对中国思想解放、政治的民主、文化的传播做出了重要且杰出的贡献。

在新文化运动中，文化的广泛传播不仅推动了文化研究的发展，并涌现出一批文化先行者，孕育了许多极具价值的文化研究成果。其中，具有代表性的人物和成果如下。

黄文山（1901—1988）：中国著名社会学家、文化学者。黄文山于1932年发表的《文化学建设》《文化学方法论》等文章均倡议建立文化学学科，在文化界引起了学者们的广泛关注。他的《文化学体系》一书，于1968年在我国台湾出版。

黄文山长期致力于建立"文化学"学科工作，并主张应综合利用人类学、史学、社会学等各学科领域的知识，更全面地研究文化现象。他认为，社会进化不外是文化的更迭，文化的进步源于社会进步，也引导了社会发展的方向。

梁漱溟（1893—1988）：现代著名的思想家、哲学家、教育家，是现代新儒学早期的代表人物之一。

梁漱溟认为，从中国的历史上传下来了很多弊病，例如传统守旧的政治问题，是因为旧思想在作祟。故要想彻底改造中国命运，思想才是最大的阻碍，并非枪杆子和政权。所以他把乡村建设运动的主旨定为八个字"团体组织，科学技术"。他提出要把零散的、只自立自足的农民组织起来搞生产，要在生产中学习并运用适应时代的科学技术。在新文化运动中，梁漱溟不仅积极从事乡村教育和文化传播工作，同时在文化研究方面也屡屡创新。在1937年3月，由山东邹平乡村书店出版的《乡村建设理论》和1940年8月出版的《答乡村建设批判》便是他在乡村建设运动中的杰出研究成果。1949年，梁漱溟又出版了《中国文化要义》一书，这也是他文化研究成果中一大重要著作。

除黄文山、梁漱溟以外，在文化研究事业早期从事文化学研究工作的还有杨东莼、吴文藻等人。在1931年，杨东莼出版了《本国文化史纲》，1932年吴文藻发表了《文化人类学》讲义大纲，都为我国的文化研究领域增添了浓墨重彩的一笔。

新文化运动在中国的兴起并发展，加速推进了中国现代社会的历史进程，对中国思想解放、政治民主和文化传播做出了杰出贡献，主要表现在以下几个方面。

（1）动摇了封建思想的统治地位。由陈独秀、李大钊等知识分子利用

《新青年》为阵地,向维护封建专制统治思想基础的孔子学说发起抵抗,掀起了"打倒孔家店"的潮流,痛批了传统封建思想。在经过了新文化运动后,封建思想遭到前所未有的冲击,人们的思想也由此得到了解放。陈独秀认为:要想实现民主制度,就必须要彻底消灭封建宗法制度和封建的道德规范。

(2)弘扬了民主和科学思想。中国知识分子在新文化运动中,受到了西方民主思想和先进科学思想的洗礼。李大钊在《新青年》刊文中号召青年人,不要留恋过去那个封建迂腐的社会,要努力创造青春的中国,这也为之后新思潮的传播开辟了道路,推动了中国社会和文化领域的发展。

(3)传播了新知识、新文化。自1917年起,《新青年》高举"文学革命"的大旗,提倡"白话文,反对文言文,提倡新文学,反对旧文学",使语言和文字更紧密地结合和统一起来,并为广大民众所接受,从而推动文化的普及和繁荣。

2. 新生活运动:中国文化学研究发展

新生活运动是指从1934年到1949年期间由国民政府发起的一次国民教育运动,这次运动是以儒家伦理思想为基础,以西方文明为参考标准,从而教育国民在行为方式、生活方式上进行一次彻底的变革,以适应新时代的发展要求。

新生活运动从文化的层面上其实可以理解为是"新文化运动"的延续。因为"新文化运动"从意义上来讲,是一次思想变革运动,也就是从思想上铲除封建愚昧的观念,提倡道德的、科学的新思想和新观念。新生活运动则是将这些新思想、新观念落实在行动上,从而彻底改变国人的陋习,使之展现出崭新的精神面貌。所以我们说,新生活运动是新一次的文化运动或者说是"新文化运动"的延续。

所谓新生活运动,说的就是"四维"和"三化"。"四维"也就是"礼、义、廉、耻"。古人云:"礼义廉耻,国之四维;四维不张,国乃灭亡。"故当时的国民政府由此引申出"四维既张,国乃复兴"的主张。"三化"也就是指生活艺术化、生活生产化和生活军事化这三个方面。艺术化就是指以"艺术"作为"全体民众生活之准绳",摒弃"非人生活",坚持"持躬待人"并遵循传统,提倡"礼、乐、射、御、书、数"六艺,用艺术来陶冶国民的情操,从而达到"整齐完善,利用厚生之宏效"。生产化注重"勤以开源,俭以节流,知奢侈不逊之非礼,不劳而获之可耻",得以"救中国之贫困,弭中国之乱源"。军事化就是要做到整齐、清洁、简单、朴素,只有如此,才能合乎"礼、义、廉、耻",并顺应现代生活发展,做一个合格的现代国民。

新生活运动是当时的国民政府为了改造民众生活方式、提高民族形象、复兴并建设国家而进行的一次社会教育运动。在新生活运动的进行中,要求社会民众首先从个人生活做起,从开始讲究个人卫生,注意环境卫生,全面开展灭蝇、灭鼠活动;到摒弃个人陋习和不良作风,为人处世懂得规矩、遵守纪律;从提倡尊老爱幼、邻里和睦的社会新风尚,到最终能使国家走向社会文明和繁荣富强。

好景不长,在新生活运动开展不久后,即爆发了抗日战争,这使得新生活运动的发展方向开始向战地服务、空袭救难、难民救济、伤兵慰问、保育童婴、征募物品和捐款等与战时支援、救援有关的活动转变。在抗战中,我国广大社会民众表现出来前所未有的团结一心、共同奋战的大无畏精神,一时间,为抗战服务、为抗战献身成为各界民众的共同心愿。这一时期不仅展现了中华儿女不屈不挠的民族精神,又体现出新生活运动对广大人民群众的巨大影响。

在新生活运动的过程中,我国的文化研究又有了进一步发展,取得了较好成绩。其中,在抗日战争期间,梁漱溟从文化研究的方向出发,出版了《中国文化史导论》,在抗日战争结束后,又出版了《中国文化要义》一书。在此期间,很多学者也相继发表了有关文化研究方面的研究成果,例如陈登原先生出版的《中国文化史》;朱谦之出版了《文化哲学》;钱穆也出版了《中国文化史导论》;在1950年,钱穆由香港赴台北为省立师范学院学生演讲,其演讲内容被整理成《文化学大义》。上述书籍对文化的概念、文化的要素和文化的分类做了详细的阐述,并对中西文化进行了比较分析,探讨了文化的兴衰与世界文化的长远蓝图。

新生活运动在提高国民的思想素质水平、养成良好的生活习惯、形成良好的社会风尚等方面取得了巨大成效,同时促进了文化的研究与发展,在文化研究方面的历史进程中记载着"陈序经在建设文化学方面也做过开创性的贡献。抗日战争时期,他在西南联大首开'文化学'课,编写了教材,即《文化学概观》。该教材介绍了文化学研究的范围;各个领域的文化观;文化的基本概念;文化发展的历史。陈序经在新中国成立前还著有《东西文化观》,该书把中国人对待文化的态度分为三类,一是全盘西化;二是复返固有的文化;三是折中。他在《东西文化观》开篇就说:'中国的问题,就是文化的问题;而所谓文化问题的重心,恐怕要算东西文化的问题了'。"虽说当时陈序经在文化建设方面一直主张"全盘西化"的观点有些过于偏激。但在当今社会中,这种观点仍在一定程度和一定范围内享有巨大的影响力。

3. 新时期"文化热": 中国文化学研究的继续

中华人民共和国成立以后,在民族文化研究方面取得了一些进步,但在60年代中期到70年代中期发生的"文化大革命"中,文化研究一度停滞不前。

直到20世纪80年代起,我国才逐步进入了"文化热"的时期。1984年10月,著名学者冯友兰、北京大学哲学系张岱年、朱伯崑和汤一介等教授发起并成立的,由清华大学、中国人民大学、北京师范大学、中国社会科学院、联合北京大学及中国香港、中国台湾和海外的数十位著名教授、学者在北京联合打造的中国文化书院。该院是一个社会学术研究团体和教育教学机构,隶属于大学后教育学术研究高等学校。该院的办院宗旨是:通过对中国传统文化的研究和教学活动,继承和发扬中国的优秀文化遗产;通过对海外文化的介绍、研究以及国际性学术交流活动,提高对中国传统文化的研究水平,并促进中国文化的现代化。

中国文化书院首任院务委员会主席是季羡林先生,学院创院院长是汤一介先生,院内师资队伍构成均为国内外的知名学者、教授,如此雄厚的学术研究势力为我国的文化研究奠定了坚实的基础,也标志着中国文化研究进入了崭新的历史征程。

自中国文化书院成立以来,该院先后出版了《中国文化研究年鉴》《梁漱溟全集》《中国文化与文化中国丛书》《港台海外中国文化论丛》《魏晋南北朝思想文化丛书》等著作,这些书籍的出版为推动我国文化研究做出了巨大贡献。

20世纪90年代后,我国文化研究与发展规模进一步扩大,文化学开始走进高校,成为许多高校的重要课程之一,随后各种版本的文化学教材也相继面世。其中有历史记载的有:萧扬、胡志明主编的《文化学导论》(1989年);郭齐勇的《文化学概论》(1990年);刘守华的《文化学通论》(1992年);李荣善的《文化学引论》(1996年);陈华文的《文化学概论》(2001年);吴克礼的《文化学教程》(2002年);陈建宪的《文化学教程》(2005年);王玉德的《文化学》(2006)等。

除了专业的文化学学科以外,文化学的分支学科以及文化学与其他学科的交叉学科也逐渐走进大家的视线,例如:1990年,司马云杰的《文化社会学》;1991年,方家良的《文化经济学》;1994年,于洪杰、张明剑的《文化法学》;2000年,郑金州的《教育文化学》;2001年,陈默的《电视文化学》等学术作品相继问世。

以上这些文化学的研究成果及应用,只是我国文化研究的繁荣局面的一个方面。虽然迄今为止我国文化学研究与教学还只是处于学步的阶段，并没有建立起一个系统而规范的体系，但我们坚信，随着我们对文化研究、探索的不断深入，我国文化学的未来必将一片光明。

第三节 体育文化

随着文化研究的不断深入和发展，各个不同学科的文化研究也相继展开，如社会文化学、教育文化学、行政文化学、影视文化学、体育文化学等，这些学科均从各自不同的专业领域对文化现象进行研究和探讨。

但在各种分支学科中的文化研究，也同样是处于对文化的探索和建构中。就体育文化学研究来说，近年来各种体育文化研究的文章、著作先后出现，研究者从不同角度对体育文化进行了广泛探讨，推动我国体育文化研究的发展。但在体育文化基础研究方面还存在着一个很重要的问题：我国体育理论界对于体育的产生这个基本问题至今还没有一个大致统一的认识，因此也影响了我们对体育文化的认识和理解。

体育是人类文化的一部分，那么体育文化又是什么时候产生的呢？目前存在着不同的观点，这些问题的焦点主要集中在体育和体育运动到底是什么时候开始产生和流行起来的？

体育文化是伴随体育和体育运动的发展而自然产生的，我们可以这样说，没有体育和体育运动就不会存在体育文化。

体育文化其实早在原始社会就已经出现了，只不过当时并不能对体育文化做一个系统而详细的概论，体育文化概念真正有了雏形的时候，已经是近代了。从大体上来说，体育文化大致可以界定为：是人类体育运动的精神文化、物质文化和行为文化的综合阐述，也是对各种通过利用身体练习和提高人的生物潜力和精神潜力的规律、制度和物质的综合表现。

一、体育文化的含义

在人类社会的发展历程中，根据生产和生活的需要，通过体育运动来调节人体身心的发展规律，并以练习作为基本方式，以达到增强体质、提高运动技术水平、进行品德素质教育并丰富社会文化生活而进行的一种带有目的、有意识、有组织的社会活动，是在人类社会的发展的过程中逐步建立和发展起来的一个特有的科学领域。

体育的概念其实也有广义和狭义之分：广义的体育概念其实就是我们

平常所说的体育活动,是指以身体练习为基本方式,以增强体质、促进全面发展、丰富社会文化生活和促进精神文明为目的的一种有意识、有组织的社会活动。体育文化属于社会总文化体系的一部分,它的发展必将受到社会政治和社会经济的制约,并要为社会提供一定的政治和经济服务。在狭义的观点上看来,体育实际上是一种体育教育,是一个发展身心、增强体质、讲授锻炼身体的知识、技能并培养道德素质和意志品质的教育过程,这是对人进行培育和塑造的过程,也是教育的重要组成部分,是培养人的全面发展的重要方面。人类的生产生活活动赋予了文化重要的含义,在文化大繁荣、大发展的今天,社会各个领域都在探讨和寻求自身的文化建设,积极构建能代表自身价值的优势文化。从民族文化到企业文化,从传统文化到与世界接轨的交融文化,从国家文化的塑造到个人自身文化修养的提高,文化建设已经成为关注的焦点。

那么,体育文化究竟应该如何定义呢?我们知道,体育文化的主体是人,是人类特有的社会现象和文明成果,也指人类在体育历史发展的长河中所创造的物质财富和精神财富的总和。

体育文化不仅仅是指体育运动本身所蕴含的、所形成的一切物质文明与精神文明的总和,它同时还可指体育运动某一方面的因素。体育文化本质上是在增强人体健康、提高人们生活质量的过程中创造和形成,其中包括与之相适应的社会组织及规范体育活动的各种思想、制度、品质素养以及为达成目标而进行的各种改革性举措以及相应的文化成果。

(一) 用狭义的文化概念阐述体育文化

在用狭义的文化概念来阐述体育文化时,我们往往把体育文化限定在体育的精神现象上或是与体育活动相关的社会意识形态以及与之相应的制度和组织机构等范畴内。狭义的体育文化论者更愿意主张把体育文化的概念限定在精神领域,因为他们认为,体育文化的本体就是指以活动身体、锻炼身体为主要形式,是以身体竞争为手段,以增强心智体质为主要目的体育活动。

(二) 用文化结构层次阐述体育文化

还有些国内学者是通过文化结构层次来定义体育文化的,但在理论界,文化结构又存在诸多种类:如物质文化与精神文化两分说;物质文化、精神文化、制度文化三层说;物质、制度、行为、心态四层说;物质、社会关系、精神、艺术、语言符号、风俗习惯六大子系统说等。不同文化结构层次对体育文化的观点也是不尽相同,在此就不一一赘述了。

(三) 用物质与精神的关系阐述体育文化

从物质文化和精神文化的关系层面来界定，主要源于《辞海》的"文"部条中有关"文化"的定义——"广义指人类在社会实践过程中所获得的物质、精神的生产能力和创造的物质、精神财富的总和"。持这一观点的学者普遍认为，人们在社会中通过长期的体育实践所创造物质、精神财富的总和，也就是体育文化中有关体育运动的物质文明和精神文明的总和。

二、体育文化的起源

体育文化同其他文化一样，都可以反映一个时代、一个国家或民族的特点，并且规范了人们的体育行为，让人们的体格更加健硕，影响人们的价值观念。在东方的体育文化中，特别是中国体育文化，因为受到了儒家思想的长期熏陶，逐渐形成了以"统一、中和、中庸"为目标，以重在修身的内敛性、封闭性和圆满性为主要理念的体育文化。

对于体育和体育运动的产生时间，一般认为，自欧洲中世纪德、智、体全面发展的教育思想出现后，体育思想观念开始出现。而体育运动则是在19世纪末以现代奥林匹克运动诞生为标志产生的。

在我国的研究者普遍认为，古代即有体育和体育运动，并将古代的狩猎方式射箭活动称为古代体育活动，但这种观点是不正确的。古代的射箭活动既是一种生存方式，又是一种游戏活动，与体育和体育运动不是同一概念。

还有人认为，古希腊奥林匹克竞技运动就是古代体育运动，这种观点也是不正确的。英籍的澳大利亚学者大卫·罗在2004年出版的《体育、文化与媒介》（第2版）中曾提到："古代奥林匹克运动会通常被认为是体育的发源地，但是把体育在当代所表现出的发展设想为一个稳定的进化过程，体育的起源可以直接追溯到古希腊，则是滑历史之大稽。"他所说的就是，古代奥林匹克运动根本就不属于体育运动，它只是一种宗教活动。古希腊人的宗教活动是通过身体的竞技运动来表达宗教思想和情感。但在文化的层面来说，竞技运动本身是人类竞技文化的体现。竞技文化自人类古代时期起就一直存在，如人类为生存而同大自然和其他动物进行的抗争与搏斗、人类在战争中的殊死较量都属于人类竞技文化的范畴。但体育运动的产生不仅是人类竞技文化的延续与发展，也是人类竞技文化演变的结果。

（一）体育文化的历史背景

人类对文化的研究大概开始于19世纪中期，许多研究资料表明，东方文化是有着极其悠久的历史和深刻、丰富的内涵的。德国19世纪的唯心论哲学代表人物之一黑格尔曾在评论世界文化发展时指出："当黄河、长江流域已经孕育灿烂辉煌的古代文化时，泰晤士河、密西西比河、莱茵河上的居民还在黑暗的原始森林里徘徊"，这表明了东方文化有着悠久的历史。然而，在历史演变中，东方文化发展缓慢，甚至停滞不前，导致在很长一段时间里东方文化滞后于西方文化。

其实体育的历史和人类历史一样悠久，在人类文明的历史长河中，体育文化可以称得上是整个人类文化的重要组成部分。因为体育文化本身就是人类自身需求的特殊反映，它是人类在体育锻炼和体育实践中创造出来的，并通过具体的身体形态、动作、器材，以及无形体育观念和时代精神所展现出来的特殊的文化存在方式。

（二）体育文化的起源

体育文化的起源说法众多，比较为广大人民所接受的有：劳动起源论、游戏起源论、教育起源论、军事起源论、宗教起源论等。

1. 劳动起源论

从一般意义上来说，人类的文化是在生产生活活动中，通过自己肢体的运动活动和思维活动所创造出来的。在早期社会中人类为了生存，学会了奔跑、跳跃等技能，在追捕猎物等活动中，学会了引诱、伪装的技巧，增强了速度、力量、灵敏性等身体素质。这鲜明地体现人类在以生存为目的时所进行的各种体育训练。

2. 游戏起源论

在原始社会中，人类获得大量猎物或是丰收之后，常常要聚在一起或以歌舞或以游戏形式进行庆贺，其实这也间接说明了体育实际上是从跑、跳、投等游戏形态中演化出来。

3. 军事起源论

这里的军事与当今所讲的军事并不相同，这里主要指个人之间为争夺猎物等琐事而产生的冲突，直到发展到严重的矛盾，引发部落之间的武装冲突，军事起源主要源自于各部落为了保护自己的财产领地或侵略领地而自发进行的提升体质的身体训练。

4. 教育起源论

随着社会生产劳动能力和经济能力的发展，人们想把从劳动、游戏和军事中发掘出来的劳动模式、运动的技能和技巧，以劳动教育的方式传授给后代。从宏观上来说，教育既发展了各种技能和身体素质，又在教育和实践中使人类逐步脱离了动物的野性，规范了人性，逐渐形成了具有实际意义和文化内涵的体育生活。

5. 宗教起源论

由于原始社会后期生产力水平低下，所有生产生活活动都受到季节和环境的影响，于是原始人认为大自然才是世间的神明，执着于自然界恩赐，祭祀天地的活动也就是从这个时候开始了，这也就是最原始的原始宗教活动，其活动形式主要以体育运动为主。

综上所述，所谓体育文化的产生，其实就是人类将动物的野性慢慢淡去，逐渐转化为人性的过程，即上述因素综合作用的过程。这也就是说，我们的祖先在改造自身体质的同时，还将原始的野性、攻击性通过劳动、游戏、合理的竞争和教育等方式，使人类逐步提高身体素质、精神水平，使人类社会具有了特殊的文化现象，即体育文化。

三、国内外体育文化溯源及对比

一直以来，文化的各部分都是息息相关、密不可分的，同样的，体育文化与本土的思想文化也是相互对应的，然而，在中西方不同的思想文化大背景下，中西方的体育文化分别呈现出别具一格的特色。

由于体育文化种类繁多，不同的体育文化反映了不同文化背景下所产生的文化特征，同时也反映了这个民族的生产生活方式、思维方式和价值体系，因此，中西方体育文化差异的根本原因就在于不同民族间生产生活方式、思维方式和价值观念的差异。

（一）我国体育文化溯源

在我国，早期的传统体育活动大多都是以生存为目的，以祭祀娱乐为主要形式，逐渐创造出了最初的体育文化和体育形式，其中以走、跳、跑、射箭、投掷为主，这些运动既能安排适当的场地，又能让大家广泛参与进来。

1. 我国传统体育文化发展的时代背景

我国传统体育活动的鼎盛时期是在汉唐时期，那时候人们生活水平普遍较高，生活富足，参加体育活动的机会也就更多，体育活动广为流行，十分普及。至今仍有些体育运动受到国民们的喜爱，如舞蹈、太极、棋类、剑术、蹴鞠、导投壶、舞龙、踩高跷等。在唐代，女子体育活动出现后，人们又对运动有了新的、更高的要求：要在体育活动中呈现出传统体育与传统伦理观念的互相结合与渗透。这体现出我国传统体育文化的最高标准和要求，以及传统体育与儒家思想的完美结合。明清之后，我国传统的民族文化表现形式就以修身养性、健体悟道的武术体育活动为主，逐渐形成独特的民族风格。

2. 我国民族传统体育的形成

在我国古代，虽无"体育"一词，但有"养生""武术""气功"等与体育相关的古老名词。中华民族传统体育实则是由中华民族创造的一种文化现象，它体现了民族的理论价值、性格特征和审美水平，也是一个民族文化的重要组成部分。中华民族传统体育，不仅仅是中华民族文化的一部分，还是中华民族精神的具体体现。

在现如今的世界上，大部分国家都是由多个民族组成的。然而，像中国这样由占全国人口 90% 以上的汉族和 55 个少数民族共同组成的国家却是绝无仅有的。中华民族自古作为一个自觉自强的民族，中华民族传统体育对中华民族的影响是十分悠远而深刻的。

从夏、商、周时期开始，中华民族的传统文化向东方文化和西方文化中汲取了诸多的文化成果，再经过春秋等时期的融合，到了秦代，统一了黄河、长江两大流域的平原地区，后来在多元文化的基础上，逐渐统一成了汉族。经过两千多年的发展，汉族逐渐向各地蔓延，融合了其他地区的多民族人口，形成了中华民族多元一体化的发展格局。从现存的少数民族传统体育项目中也可以明显看出，在许多少数民族传统体育中的内容与竞赛规则，其实多多少少都还存有汉族体育文化的痕迹。

随着民族传统体育的形成和发展，这种主要取决于各民族生存环境中地缘关系和经济生产方式的中华民族传统体育运动文化逐渐形成，自然环境成为催生、孕育各民族传统体育文化的摇篮。而生产劳动模式，则是各民族体育文化形成的雏形，民族行为、民族心理、民族文化等是各民族传统体育活动形成和发展的关键因素。

3. 我国传统体育文化的思想

在我国传统体育活动中，蕴含着深刻的东方哲理和伦理观，同时又具有极强的民俗性和娱乐性，所以才能在封建社会后期，即使受到了思想和文化束缚的情况下，依然能够广为流传、被后人所熟知，彰显出了我国传统体育文化极强的活力和生命力。其中，以孔子、老子、庄子为主的哲学思想和运动思想，对我国传统体育文化的影响最为重大和明显。

在当时社会中，孔子提出的"六艺"即"礼、乐、射、御、书、数"中的"射"和"御"本质上就是两种身体素质教育。孔子认为：体育和健康要始终以"仁"和"礼"作为基准。老子则是在养生方面主张"无为"和"好静"。他希望人们能够"心灵虚寂，坚守清静"。在老子所倡导的虚无主义中，静养、修身、养生等观念虽然与当今体育的加强运动能力有相悖之处，但却对当社会中激烈竞争的人们的健康是非常有帮助的。庄子则是继承并延伸了老子的养生文化思想，但他更讲求养生必须"依乎天理，因其固然"，并在老子"以静为主"的养生思想的基础上提出了"动静结合"的养生之道，受到了广泛关注。

我国古代名医华佗所创造的五禽戏恰恰就体现了庄子"动静结合"的养生之道。众所周知，五禽戏是以模仿动物动作和神态为主要内容的组合功法。"五"在这里只是一个约数，而并非仅限于五种功法；其中"禽"指禽兽，在古代泛指动物；"戏"在古代指歌舞杂技之类的活动，在此主要特指特殊的运动方式。

在《庄子》中有"熊经鸟申，为寿而已矣"等载述，可见当时已有多种模仿动物形神的导引图文，可以说是五禽戏的原始功法。具体将五禽戏整理、总结并作为一套功法的推广者，是东汉末年著名的医学家华佗，他总结了前人模仿动物锻炼身体的思想和经验，把"熊经鸟申"的运动发展为虎、鹿、熊、猿、鸟，也就是最原始的"五禽戏"了，"五禽戏"也成为一种行之有效的医疗体育和健身运动。"五禽戏"从古至今都广为流传，深受我国人民喜爱。

但是有关"华佗五禽戏"的原始文字其实遗失已久，仅残存在一些史籍记载上。我们目前所能见到的较早载录"五禽戏"的具体练法文献，其实是南北朝时期陶弘景所编撰的《养性延命录》。

后世的医学家和养生家根据"五禽戏"的基本原理,不断对"五禽戏"进行改革和变化,逐渐创编了数以百计的"五禽戏"功法套路。虽然各功法动作各异,锻炼的重点有所不同,但其基本精神都大同小异,现如今的"五禽戏"包括虎戏、鹿戏、熊戏、猿戏(图1-1)、鸟戏(图1-2),动作简单,运动量小,尤其适合年老体弱者练习。

图1-1 猿戏

图1-2 鸟戏

现代人对孔子、老子、庄子的养生思想进行不断的科学研究和补充发展,逐渐形成了一套完备的体系,使人们开始重视形体与精神之间的关系,并慢慢意识到形体、精神和寿命之间的关系和相互作用。在《管子·

内业篇》中提到:"凡人之生也,天出其精,地出其形,合此以为人。""气道乃生,生乃思,思乃知,知乃止矣。"在《庄子·外篇·知北游》中有这样的话:"邀于此者,四肢强,思虑恂达,耳目聪明。"这些言论都体现出我国传统体育文化的重要性。

(二) 西方体育文化溯源

古代奥运会是西方体育文化的起源。相传,古代奥运会是希腊众神的竞技活动,直到公元前 900 年才有了正式的历史文案记载,但据说在之前的 400 年中就已经存在奥运会活动,而有关古代奥运会正确的日期记载则始于公元前 776 年。体育运动在这样的文化背景下发展起来,并逐渐形成了有组织、有规范的运动竞赛。

除此之外,在较为落后的古代社会,人们为了抗击瘟疫、祈求和平,根据古希腊神(宙斯)的旨意在奥林匹亚进行唱歌、舞蹈和竞技等,以此作为对诸神表达敬意的祭典,从而出现了宗教与体育竞技相结合的大型祭典活动。

1. 古代奥运会的起源

古代奥运会起源于古希腊,古希腊为了应对战争,所以积极建设并壮大军队。士兵需要强健的体魄,而体育正是培养合格兵源的有力手段,这也促使人们去从事体育活动建设。古代奥运会的举办地位于希腊首都雅典西南方约 300 千米的位置,它就是闻名世界的古代奥运会发源地——奥林匹亚。

是战争促进了希腊体育运动的开展和繁荣,也是战争使人们开始厌恶这种毁人家园、夺人子女、相互残杀的现状,人们开始渴望和平的生活环境、渴望有一个可以休养生息的美好家园。于是,古代奥运会从为准备兵源的军事训练和体育竞技逐渐演变为和平与友谊的运动盛典。

2. 奥林匹克体育文化

奥林匹克运动会是当今世界上规模最大、影响最广、层次最高的国际体育竞技活动。曾任国际奥林匹克委员会主席的萨马兰奇先生指出:"文化从一开始就是奥林匹克主义的灵魂;奥林匹克运动是当代的体育历史文化形态,是当代体育文化发展水平的最高体现。"因此,奥林匹克文化现象属于当今体育文化研究的特殊领域,它对引导体育世界文化的发展也具有重大的现实意义。

(三) 国内外体育文化对比

由于文化不同，国内外的体育历史也有各自的不同的特点。自古以来，人们习惯把世界分为东方和西方，相对的，世界的文化也被分为东方文化和西方文化两部分，也就是说，体育文化也有东方体育文化和西方体育文化两大类别之分。由于东西方文化的不同性质和特点，东西方体育文化也必然存在较大差异。

虽然人们生活在不同的地域环境，有着不同的生活模式和生活习惯，但对于创造体育的形态、性质和目的基本上是相同的。在古代，人类为了生存和延续后代，逐渐学会了跑、跳、投、攀爬等技能，并随即产生了一系列的生产劳动知识，使之成为一种得到世人广泛认可的社会文化现象，代代相传。随着时间的推移，这种社会文化现象逐渐形成了今天成熟的体育文化。对中西方体育文化的差异主要可从民族性、社会性、差异性、时代性和继承性5个方面来进行分析。

1. 民族性

在人类东西方文化的存在和发展过程中，不仅有共性的一面，还极具丰富性，富有民族特色。东西方体育文化的差异性，也就是民族性的表现。民族体育文化形式，是生活在不同地域的人群，根据当地的生产生活方式创造的不同类型的、不同形态的、适合当地民俗文化的特有的体育文化，因此，民族体育文化的形式与本民族的地理环境、风土人情、生产水平、经济条件乃至社会结构有着密不可分的关系。

2. 社会性

所谓体育文化的社会性，也可以称之为体育文化的群众性。体育文化的产生和发展是人类社会文化发展最直观表现形式也是人与社会之间相互关联、相互作用的综合体现。

3. 差异性

体育文化的差异性不仅仅表现在一个地区、一个民族的行为习惯上，还表现在体育文化的价值标准和价值观念上。例如，东方体育文化重礼仪礼节和自身的完善、追求个人身心的平衡和品格素质的养成，体现了人的内在品质和言行相一致的传统东方色彩。而体育文化则表现出竞争、激进、冒险的风格，西方的人们往往把身体健美的人视为崇拜的偶像，表现了体育文化在西方被赋予了外在行为和言行开放的西方特色。

4. 时代性

时代是在不断地演化和发展的，各个历史的不同时期有着不一样的生产生活方式。体育文化形式也是以社会时代的发展为背景的，在一个特定的时代和环境中，必定产生与之相对应的体育文化，使其具有特定的社会时代特性、内容和形态。因此，我们说体育文化是具有鲜明时代特征的。

5. 继承性

继承性也被称为传统性。在中国古代养生学的发展中，东方人主张以静养生，而后有人主张以动养生，再到后来主张动静结合。例如，过去中国传统体育文化偏向修身养性，后来泛化为强身健体、锻炼意志品质，再到今天的自我身体素质提升和休闲。中国传统体育文化中的特有项目：舞龙、舞狮、气功、武术等都已经成为风靡全球的运动项目。这就是人们对体育文化的延续和不断深化认识的过程。

据历史资料表明，人类真正感受到体育文化对社会发展、日常生产生活的巨大且重大的影响，是在19世纪中叶的欧洲文艺复兴之后，特别是从20世纪中叶以来，随着社会科学的发展，体育科技工作者得到了许多新的启示，学者们更多地愿意从体育哲学和人文社会学的角度开展深入研究，并逐步由对体育文化的感性认识向理性认识发展。

东西方的大众教育，都是以社会的全面发展、和谐发展为根基的。在人类文明的进程中，我们对自身生存和发展的追求一刻也没有停歇过，正因如此，大众体育文化在教育全球化浪潮中的推动力最大，影响也最为广泛和深刻。这是因为大众体育文化给带给人们快感和美感，并给社会带来健康和活力。

四、体育文化的功能与作用

体育与人类的生存和发展有着密不可分的联系，人类创造了体育，同时也创造了体育文化。体育文化作为一种竞技运动文化，是因为人类对竞技运动文化进行了改造，从而使经济、文化不断地获得创新和发展。这些创新与发展都是在众人不断的实践中完成的，并经历了宗教体育文化阶段、科学体育文化阶段和正在进行中的艺术体育文化阶段三个重要阶段。艺术体育在升华了人类为了生存的宗教体育文化和强身健体适应环境的科学化和功的体育文化特征后，正逐步向竞技与艺术相结合、形体美与心灵美相结合的艺术形态发展。

（一）教育和培养功能

体育文化为我们制造了文化环境，使我们在潜移默化中提升自我身心水平，在生活中起到了教育人和培养人的作用。体育教育可以用最直接、有效的方式培育人的体质，影响人的性格。从最初的坐、爬、站立，到后来的走、跑、跳、投、攀登、爬越；从人体肢体活动的技能、技巧，到参加到体育竞技的活动中来；从遵守活动和比赛规则，到养成自觉的、良好的生活习惯和健康的生活方式等，无不与体育文化的教育和培养功能息息相关。

（二）调节和引导功能

体育文化已成为现代社会主流文化中的重要部分，对道德和法律范围之外人们的社会生活和行为起着十分重要的调节、控制和引导作用。它不仅能让具有价值观、道德观、世界观不同的人汇聚到一起，甚至能让具有不同意识形态的人在共同的体育文化理想和价值观下实现共同的祈愿，让社会更加和谐稳定。例如，在奥运会的等大型庆典活动中，各国的刑事案件发生率明显降低。

（三）吸收和融合功能

通过体育的方式、途径去吸收、融合各民族的先进文化是十分快捷且有效的。在我国积极地学习西方先进的体育文化的同时，西方国家也不断研究并借鉴东方体育文化的精粹部分，各文化集体通过体育文化的渠道去吸收和融合各国文化的特质，最终用来繁荣和发展各自的文化。

（四）聚合和凝结功能

近百年来，和平发展、共同进步一直是世界人民的共同理想，把不同国家和民族的人聚集在奥运会的五环旗下，可见体育文化对人们的凝聚力是其他文化远远不及的。体育文化的聚合和凝结的功能具有多层次性，其在体育文化精神层面的凝结力量是最深、最强的，也是较为稳定的。相同文化背景下会产生相同的体育文化习惯和相同的体育运动项目选择，会引起不同程度和范围的文化聚合力。就好比喜欢打篮球的人会因为爱好相同而聚合在一起；一群孩子会因为一个游戏而聚合在一起，然而，这种聚合都只是表层的、不稳定的，会因为一些事情而发生改变。

（五）传承和传播功能

交流和传播是体育文化发展过程中的一种重要形式，其中包括传承性和传播性两大途径。

传承性是指体育文化在时间上传承的连续性，即文化的纵向延续性。在早期社会中，人类主要通过对肢体动作的记忆来记录和传承社会文明及生存和生产生活技能。这种文明的传承方式中，包含了大量原始体育文化因素和历史文化。

传播性是指体育文化在空间上伸展的延展性，即文化的横向传播性。体育文化的横向传播不仅可以指在各社会群体和群体之间、群体和个体之间、个体和个体之间的互相传播，还可以指国家和国家之间、民族和民族之间、地区和地区之间以及国家、民族、地区三者间的互相传播。

（六）创造和更新功能

现代体育的发展实际上是以科学研究为主要形式的创新研究，这本身就是一种文化创造活动，例如体育运动中所提出的"更快、更高、更强""重在参与""人生能有几回搏"及公平竞争等观念，会逐渐进入和改变人们的精神生活，并不断冲击传统中的"中庸之道"等古代哲学，进而引领人们去了解、认识和开发更新、更符合现代国情的思想观念。

第二章 学校体育文化的要素、特征及功能

学校体育文化是学校开展并进行的有目的、有组织、有计划地帮助学生身体全面发展,增强体质,并在教育教学中传授锻炼身体的知识、技术和技能,让体育文化渗透其中,从而培养学生的道德意志品质和课内外教育过程中产生的有关人的体育物质、体育制度和体育精神方面的总和。学校体育文化相对于社会的大背景来说相对独立,但又与社会其他文化息息相关,相互影响。

学校体育文化是教育活动不可分割的一部分,包括德、智、体三大组成部分。学校体育文化主要以培养学生的体育意识、体育技能和体育精神为主要形式,以提高学生的身心健康和提高学生的体育素质为主要文化活动目标,是文化教育的一部分。就像所有的概念都有它的出现、发展和演变的历史,学校体育文化的概念在历史的发展中不断发展,其内涵随着历史的发展不断完善和丰富。

第一节 学校体育文化的要素

我国最早的校园体育文化应该是从鸦片战争后开始形成并发展的。在多种条件的作用影响和推动下,我国校园体育文化初见雏形并取得了一定的发展成效,与此同时,越来越多的人开始注意到校园体育文化,有些专家、记者更是认为,校园体育文化的发展会成为文化教育领域的一大事宜。校园体育文化是体育文化与校园文化相结合的产物,有着悠久的发展历史。

学校体育文化是一个综合性的概念,它不是简单的要素组合,而是由多种形式和功能形成的一种特殊而复杂的社会文化体系。它包括学校体育思想和概念,是反映社会文化系统的学校,教师和学生都受到这种文化氛围的影响,以及这种影响的全面、综合性的特点,因此构成了学校生活的丰富多彩,起着微妙的作用影响着学校的教师和学生。

一、学校体育文化的概念

"校园体育文化"在 20 世纪 80 年代末期被提出来,在后续几年中,一直发展良好。体育文化、校园文化和校园体育文化三者之间有着密不可分的关系,我们可以这样说:校园体育文化是体育文化和个人喜好,在校园中汇聚而成的(如图 2-1)。校园体育文化通过对校园文化与体育文化的选择和重构,不仅将自身构建了起来,同时,也将新的体育文化创造了出来,也使校园文化的内容得到进一步的丰富。为了让学生得到健康、全面的发展,提升学生整体素质,服务社会,这才是校园体育文化的真正目的。

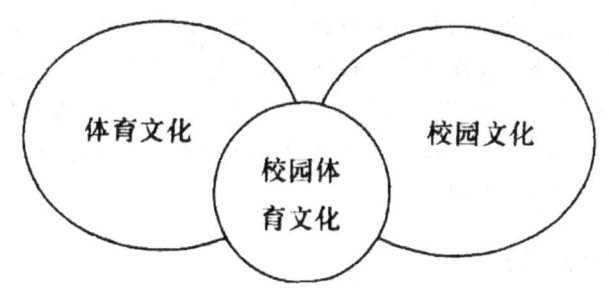

图 2-1 文化教育三方面的结构关系

我们可以将学校体育文化的概念概括为:校园体育文化是指校园内的某种体育文化氛围,是一种群体文化,也是学校文化的发展,学生和教师是学校体育文化的主体,是其中体育锻炼的方法,主要内容包括各种体育运动,具有更显著的校园精神特征。

"学校体育文化"来源于两个概念:一个是"学校体育",一个是"文化"。学校体育文化的复杂性,除了之前所描述的"文化"的模糊性外,有人对"学校体育"双重性的概念提出了质疑,在此基础上进行研究,我们才有资格谈论"学校体育文化"。

关于"学校体育",其概念是"五四"运动后,尤其是在北洋政府于 1922 年颁布的新学制后,作为后代的实用主义教育理论和体育理论,1923 年新学校课程标准草案起草委员会宣布正式开放教学大纲中小学"体育"。中华人民共和国成立以来,随着中国社会主义的发展,学校体育逐渐丰富和完善,逐渐成为一个独立的制度。学校体育是与道德教育、知识教育和审美教育的整个教育的一部分,有目的、有组织、有计划地促进身体的全面发展,增进身体健康,体育锻炼知识、技术和技能,培养品德的教育过程，是学生终身体育的一部分，健康教育、学校体育主要注重的是"身体"的教育和文化。

二、学校体育文化的结构

校园体育文化是由多个方面内容组成的，不仅包括体育设施、体育活动、体育竞赛等表象内容，同时也有体育、道德、体育精神和价值观等深层内涵。总体来说，校园体育文化大致可分为三个不同的文化层次，即表面文化、中层文化、深层文化。

（一）表层文化

体育文化是在物质的基础上形成和发展的，也就是说体育文化的形成和发展的客观支持。表面文化，包括体育场馆的具体内容、体育器材、体育教材和师资队伍建设等。这些物质条件凝结极其丰富的体育精神财富，可以充分体现一种文化氛围。体育物质文化的质量对学校体育目标的实现起着重要而决定性的作用。

（二）中层文化

中层文化是学校体育文化的第二层次，制度文化是其主要表现形式。在一定程度上，中层文化是学校体育的综合形式，也是连接精神与物质的中间层次。

系统和方法是学校体育的组织形式，也充分体现了体育意识。特别是中等文化的具体内容主要包括：体育教学、科学研究、课外体育活动、体育管理、业余体育竞赛、体育协会、体育知识普及和综合体系建设、交流方法。制度文化体系包括组织、政策、制度、规则等。

学校体育文化中的制度文化以管理文化氛围的形式存在，可以有效地维护学校的正常体育秩序。应该强调的是，制度文化是物质文化与精神文化的有机结合，可以有效地保证学校体育文化的建设。

（三）深层文化

深层文化是学校体育文化的第三个层次，属于隐性精神文化，占有主导地位。学校体育文化又称体育健康观念、价值观。可以这样说，学校体育精神文化在学校体育文化中的本质和核心地位，在校园体育文化目标中起着重要的决定性作用。具体而言，精神文化体系的具体内容包括价值观、美学、娱乐、思维方式、意识形态、体育心理等。与表面物质文化相比，深层的精神文化是以"软件"的方式存在的。通过校园体育精神文化的建设，可以使全校师生产生具有较强的凝聚力和向心力。

体育文化是包括体育意识、体育价值、体育道德、体育理想、运动情感和体育系统等方面的总和。《全民健身计划纲要》、《关于发展全国亿万学生阳光体育的通知》和《学校体育工作条例》的实施，对我国学校的体育文化建设产生了深远的影响，并提出了更高的要求和标准。面对学校教育国际化的趋势，学校体育文化的发展产生了新的变化，这要求我们重新思考学校体育文化的建设和发展的相关问题。

学生和教师为学校体育文化的参与主体，通过体育锻炼，在体育教学过程中，科学研究和管理共同创造了物质财富和精神财富的总和。它由体育材料文化、体育制度文化和体育精神文化共同组成。

当今中国学校体育文化建设，为发展国际交流，应突出传统文化与现代文化的结合，以体育文化建设的"创新"与"技术"理念为优先，从体育形态、体育活动、体育制度、体育精神等方面开拓学校体育文化建设的具体路径。

三、学校体育文化的要素

为了能了解学校体育文化的内涵，我们需要明确学校体育文化的要素及其特点。

（一）主体

主体、客体是一对基本的哲学范畴，"主体是人，客体是自然"。主体与客体的关系是哲学中最重要的关系之一。

学校体育文化的主体是学校体育文化的直接继承者、建设者、创造者和反射者。学界关于谁是学校体育文化主体的问题一直存在着分歧，一些人认为学校体育文化是学生体育文化，只有学生是学校体育文化的主体。另一些人认为学校体育文化是学校体育教学的风格、学习方式，所以只有教师和学生是学校体育文化的主体。我们认为，这些观点没有一个是全面的。

学校体育文化的主体不仅包括学生，也包括教师、管理者和员工。文化是人们物质和精神活动在特定区域的结果和过程。学校体育文化的主体也是学校体育文化的一部分：当他们在学校体育文化建设中发挥积极的作用时，他们就是主体。它们也是学校体育文化结构中研究的对象。学校体育文化的主体是学校体育文化中主观能动性的一部分。

然而，由于不同的学校体育文化主体的社会角色和地位不同，其影响的方式和程度也不同。

以校长为代表的管理人员，作为学校领导，是国家意志和社会需求的法律代表和实施者，是学校教育教学的具体组织者、管理者和实施者；国家意志和社会要求必须通过学校领导的经历和接受，然后才能转化为学校的具体组织行为来实现。学校体育文化工作是否有效，特别是学校体育文化水平和年级，关键在于学校领导的理解和管理水平。管理不仅需要智慧，而且需要好的和适当的个性。校长的品质，尤其是他们的价值观和行为，对学校体育文化和学校体育文化有很大的影响。

教师是学校最大的授课群体，从广义上讲，其他教师也是学校的主要教师。作为一名教育者，教师的基本任务是宣扬、教导和解决问题。他们闻道在先、术有专攻。社会的需求和体育文化必将由教师来完成。在教育方面，教师在学校体育文化活动中起着主导作用。教师是学校工作人员中最大的一群，从广义上讲，其他教师在学校的主要角色也是教师。作为教育工作者，教师的基本任务是宣扬、教导和解脱自己。教师主体直接影响着学校体育文化的性质、方向、水平甚至风格。

学生是学校体育文化主体中最大的群体。学生主要的社会义务是学习。作为发展过程中的年轻学生，他们乐于接受新事物、批评的精神、社会文化稳定与变革的矛盾、社会的需要与压力等。这给他们的思想和行为施加了很大的压力，而这种压力与他们的知识和经验是不协调的。因此，学生的思想和行为往往表现出一种波动和不稳定的状态。学生主体的思想行为一直是学校体育文化的质量标志和焦点。这一点在优秀学生的榜样和学生的特殊影响中体现得很明显。

学校教职员工也是学校体育文化主体的一部分，其思想行为在学校体育文化中也扮演着重要的角色。在过去，在教育书籍和相关规定中，我们经常强调教师在教学人员中的地位和作用，因为强调教师的主导作用，这应该说是必要的；然而，与此同时，我们却忽视了劳动力在学校中的地位和作用。这种情况应该改变。在我们看来，如果教师在课堂教学中仍然起着主导作用，那么这种判断就不完全适用于学校体育和文化活动。我们能否说学校领导在学校体育文化和办学方向上起着主导作用；教师在体育价值和规范的实施中起着主导作用；员工在学生的体育生活和课外活动中起着主导作用。

此外，对学校体育文化给予直接关注的团体或个人，如校外体育辅导员、捐赠者、家长委员会、社区委员会、学校体育协作单位等，也对学校体育文化产生不同程度的影响。我们称之为"准学校体育主体"。当前，学校体育文化的影响越来越受到人们的重视。

（二）环境

学校体育和文化活动的环境主要包括学校的自然环境、人际环境和文化历史环境。

自然环境是附在校园的体育教学、科研和生活机构的领地。前者是学校体育和文化活动的主要场所，后者是学校体育和文化成就的前沿阵地，是接受社会文化信息的"窗口"。自然环境包括体育场馆的位置、面积、体育场馆、体育设施的材料、花卉、树木的种类和种植效果。自然环境对人的影响是持久而微妙的。

学校体育文化的主体之间的互动，形成了学校的人际环境。由于学校体育文化的多主性，人际关系更加复杂。学校的人际关系包括学校领导之间的关系，学校领导和教师之间的关系，教师之间的关系，老师和学生之间的关系，学生之间的关系。人际交往在心理发展、人类活动的发展、工作效率的提高等方面都发挥着重要的作用。

学校体育文化的历史环境主要是指学校体育历史文化传统的积累、社会大文化背景及其投入方式以及学校体育文化主体对文化活动的积极性和创造性。

（三）方法

学校体育和文化活动的手段是文化活动的技术方式。它可以分为两类：材料手段和非物质手段。前者指体育教学、体育研究、生产和生活的材料和设备；后者是指非物质的语言和情感。文化手段是学校体育和文化活动得以开展的基本条件之一。不同时代、不同国家和不同民族的学校体育文化在手段方式上有很大的不同。

学校体育和文化活动的方法是多种技术手段的结合，可以分为实验法和非实验法两种。实验方法是材料技术与非物质技术的有机结合；非实验法主要是非物质技术手段的结合。事实上，学校体育文化作为一种创造性的反思过程，是两种手段和两种方法的结合，在这一过程中，人们可以把注意力集中在某一特定文化活动的性质和条件上。学校体育和文化活动的手段和方法，与社会文化系统和其他亚文化系统相比，具有极大的便利和优势。然而，鉴于我国学校体育和文化活动的实践，我们应该强调非物质手段和非实验方法的应用。

(四) 途径

学校体育与文化活动的方式是学校体育与文化主题、学校体育与文化活动的结合。由于学校体育文化主体的角色、地位和任务的不同，体育文化活动的选择是有限的。不同的主体只能在不同的环境条件下选择相应的方式。学校体育文化的基本方式有：体育教学、体育管理、体育生产研究、体育物流服务、体育娱乐、体育文化交流等。

值得注意的是，每一种方法都有其独特的运作方式。其中，教育教学手段是学校体育文化的主要方面，是学校体育文化的核心。在这个问题上学术界有不同的观点。人们认为学校体育文化是指教育和教学的其他部分。我们认为这是一个狭隘的错误观点。如果这样，将使学校体育文化失去其自身的本质，从而滑向政治文化、商业文化、企业文化和其他亚文化体系。

(五) 对象与成果

事实上，学校体育文化活动的对象和结果是合而为一的，是多元与多层次的统一。学校体育文化从原始的娱乐主体文化，到高层次的精神文化，逐渐形成了自己的特征，并呈现出不同的功能层次。

学校体育文化的对象和成就可以分为两方面：客体文化和主体文化。前者主要是物质形态的文化，后者是主体素质的文化。从受教育者个体文化素质的形成来看，学校体育活动的对象和成就主要体现为三种文化模式：一种是知识文化，是与知识掌握和知识发展相关的教学与科学研究及其成就。知识文化活动是人类文明进步的必然要求，也是学校体育文化活动的基础和特征。二是道德文化。教育、自我教育活动及其与学校体育文化主体的政治思想和道德素质形成有关的成就。作为一种社会需要，道德和文化活动决定了学校体育和文化活动的性质和方向。三是人格文化。与学校文化和谐发展有关的体育文化活动。人格和谐发展是学校体育文化活动的核心目标之一。

第二节 学校体育文化的特征与功能

文化发展如此迅速，受到广泛的欢迎和关心，这一事实与它独特的特点和功能是密不可分的。学校体育文化是一种以社会文化为基础的特殊文化，但不同于社会文化。社会的变化和发展将对社会文化的演变和发展产生巨大的影响。校园体育文化在一定程度上是社会文化的一个缩影，也是社会文化的一部分。它的产生和发展不仅受到社会和文化特征的制约，而且有其独特的表现。

一、学校体育文化的特征

学校体育文化不仅有其相对独立的结构体系，而且有其自身的特点。这些特征符合一般文化，与社会其他文化不同。学校体育文化是一种特殊的文化，它来自于社会文化，但不同于其他文化。它是社会文化的一部分。学校体育文化具有学校文化的一般特点，但也具有相对独立的学校体育文化的特点。

文化是人类创造的，人是有意识的动物。然而，文化创造背后的驱动力不是人的主观意识，而是人的客观需要。学校体育文化作为一种"亚文化"也有这个客观的特点。然而，由于学校是人类传播文明和培养人才的特殊场所，学校内的一切活动都有明确的目的。

这导致了学校体育文化自觉成分的显著增加，成了一种相对自主的文化体系，即能够按照学校的意愿在一定程度上构建和选择其影响。通过舆论宣传、氛围建设、积极引导、奖励机制、纪律、教育和教化，人们可以在教育目标的范围内控制学校体育文化。

学校体育文化的这一特点表明，作为一种文化现象，学校体育文化的存在并不是以人的意志为转移的。无论这是否得到认可，学校体育文化以其独特的方式对人们产生了不可估量的影响。与此同时，学生并不是学校体育文化的消极适应者，而是积极活跃的参与者和用户。在积极的体育实践中，学校一方面建设自己的学校体育文化氛围，另一方面注重学生的身体和个性。

除了社会和文化体系的一般属性，如文化的完整性、阶级和传承，校园体育文化也有其独特的属性。这些不同于一般文化的特殊属性，构成了校园体育文化的基本特征。

（一）独立性和群体性

体育文化的产生和发展有着自身的变化规律，因此它具有独立性的一面。体育文化是一门自然科学和社会科学相结合的综合性科学。从文化学角度看，体育文化是人类整体文化系统中的一个分支，有其独特的个性。学校体育文化是体育文化的组成部分，自然有体育文化的独立性特征。

文化为一定社会群体所共有，任何文化都不能脱离社会而存在。个体后天习得和创造的思想、观念等，只有在被他人所接受后，才能称之为文化。文化的社会群体性是有不同层次和范围的，有的文化因素属于全人类，有的仅属于某个民族或地区。体育文化既是属于全人类的文化因素，具有人类性或世界性（也称全球性）的特征，也有属于某个民族或地区的文化因素，具有民族性和民俗性的特征，但是都有社会群体性的特征。而学校体育文化，是以学校体育行为主体即体育教师和学生为主的社会群体性的文化。

（二）复合性和继承性

文化往往与众多领域复合，是复杂的整合体，因为从文化的广义定义看，它除了以教育、科学、艺术等为重要组成部分之外，还包括体现在人们物质生活和社会关系中的饮食文化、服饰文化、居住文化、婚俗文化、信仰文化、游艺文化等，因此，体育文化则具有其复合性的特征，与教育、政治制度、经济条件等诸多领域有复合。学校体育文化的复合性，除表现为与体育文化相同方面的复合外，还表现在其内部各组成部分的复合，即学校体育主体文化、学校物质文化、学校精神文化、学校制度文化等之间的复合。

体育文化的继承性在中外体育的发展中都有体现。西方以奥运会为例，它是典型的欧洲竞技体育，虽因战争等因素曾被迫中断，但近代奥运会重新兴起，一届届举办至今，体育文化不断发展进步可说明体育文化的继承性。在我国，各种养生导引术、武术技击、民间游戏、赛龙舟、放风筝等体育活动，经历了几千年的承袭、发展、演变，成为中华民族传统体育文化的瑰宝，并越来越引起世界的关注。这也充分体现了体育文化的继承性。学校体育文化的继承性，最主要的表现是学校优良的体育传统，有些学校的体育传统项目已经成了该学校体育文化的名片。

（三）特色性和时代性

任何形态的民族文化，都是适应本民族的特点而形成、发展的，体育文化自然不能例外。例如，我国56个民族多数有自己的以民族体育活动为主的传统节日，如傣族的泼水节、苗族的花山节、侗族的三月三、白族的三月街、藏族的藏历年和雪顿节、蒙古族的那达慕大会、彝族的火把节等；侗族的抢花炮、朝鲜族的荡秋千、土家族的摆手舞、藏族的锅庄、纳西族的东巴跳、维吾尔族的达瓦孜、哈萨克族的姑娘追等，目前仍是各民族极具代表性的传统体育项目，也是民族文化的瑰宝。体育文化的民族性，在学校体育文化中表现出来的是特色性，各学校根据自己学生民族的构成情况、学校所处的地理位置情况等，发扬本学校体育具有的民族特色运动，形成具有本学校特色的学校体育文化。

体育文化的发展和其他文化一样具有一定的时代特征。如古代奥运会进行的项目主要是田径、摔跤等个人项目，那是古希腊的民主政治提倡个性解放时代的必然产物；而到了 20 世纪的现代奥运会，则越来越多地增加了各种球类比赛等集体项目，深刻地反映出工业大生产条件下的一种新型人际关系。当今休闲体育运动的兴起，反映了后工业化社会带来的物质文明和生活方式的变革。体育文化随社会的发展变化而不断更新进步，是其时代性的体现。我国体育教学从无到有，都是随着时代的改变在进步的，学校体育文化自然具有时代性特征。

二、学校体育文化的功能

学校体育文化最突出的形式是体育运动。体育运动文化的体育活动不仅表现了人性的本质，而且具有鲜明的人文精神。人体语言是最原始的文化思想和情感交流方式。它丰富的内涵充分体现了人类的创造力。

体育文化中的肢体语言可以使人的本能反应理性。学校体育文化属性和文化属性密切互动，其原因是学校体育文化导致身体本能的身体活动或功利的人自身的发展，因此体育活动不仅会到学校体育精神文化领域，也给学校体育文化永恒和持久的任务。学校体育文化从始至终体现着一种人文精神，蕴含着一种人文主义的目标，体现了一种人文价值观念。

（一）教育和培养功能

学校体育的价值在于，学生通过体育学习真正学会生存、获取健康，塑造良好、文明的生活方式，树立现代社会必需的协作和竞争意识，形成勇敢顽强、拼搏进取等优良品格，培养创新精神和实践能力。学校体育文化的教育作用在素质教育中发挥应有的功能，让学生真正感受到体育的乐趣、益处，从而为培养其体育意识、体育能力、终身体育习惯打下基础。体育为健康服务，在健康的主线上体现学习效益，学生在培养身体基本活动能力的基础上，最终能较熟练地掌握一两项运动技能，了解科学锻炼身体的基本知识与方法，为培养具有全面素质的社会人才服务。

学校体育文化作为全面提高素质教育的重要手段，为学生奠定了全面良好的素质基础，其主要社会功能就是把青少年培养成合格的社会公民。学校体育文化在素质教育中所起的作用是其他学科不能替代的。它为进一步培养有理想、有道德、有文化、有纪律的"四有"人才，发挥着特有的、不可缺少的重要作用。学校体育文化注重学生身心发展的特点，对其各方面综合素质的培养都有促进。它以适当的身体练习和卫生保健知识教育为手段，以体育、健康课和课外体育活动的形式对学生进行系统的健身、健美、心理教育及体育卫生文化教育，促进学生身心全面发展，促进学生个体将来更好地融入社会。

学校体育文化是构成学校师生生活的文化环境之一，不断地影响着学生的自我发展，发挥着教育和培养人的作用。学校体育教育直接、有效地培育学生的体质，潜移默化地影响着学生的品格。从理论化的体育知识和体育精神；到实践性的体育活动技能和技巧；再到参加游戏和观看、参与体育竞赛；从遵守活动和比赛规则，到养成良好的体育生活习惯和健康的生活方式等，无不与学校体育文化的教育和培养功能息息相关。

（二）引导和凝聚功能

学校体育文化是有别于其他文化的有关体育教学实践中衍生出来的文化。长期以来，我国基础教育课程受到"学科中心论"的强烈影响，体育教学也不例外，教学活动基本上就是以教师为中心、以书本为中心、以课堂为中心，严重忽视了学生的主体发展。致使学校体育文化的发展方向也有所偏颇。现在提倡的素质教育理念就是要把以学科为中心转变为以学生主体发展为中心，这也是阳光教育理念对现在教育思路影响的体现。这是一个根本性的变革，是和国际上的"人本主义"教育理念相一致的，它也给体育教育注入了新的生机和活力。为了全面贯彻党的教育方针，促进学生的健康发展，落实《中共中央国务院关于深化教育改革，全面推进素质教育的决定》中指出的"学校教育要树立健康第一的指导思想，切实加强体育工作"的要求，学校应根据学生的兴趣特点，组织多种多样的体育项目，激发学生运动的热情，提高学生体育活动的能力和锻炼效果。体育课程的设置，既有了满足学生身心发展的体育基础课，又开展了满足学生兴趣的选项课以及提高运动技能的选修课。

由此学校体育文化的方向也予以了矫正。学校良好的体育文化氛围满足了学生体育锻炼的实际需求。教师在遵循学生身心发展规律的前提下大力开发多样化的教学内容，给予了学生发挥自我创造性和张扬个性的空间。总之，学校体育文化的发展必须从培养学生的健康、素质、个性、终身体育习惯四个方面入手，积极引导学生自主学习、自我评价，最终达到发展学生身心、适应社会需求的根本教学目的。

学校体育文化是学校文化中的具体文化，它对学生的生活中的行为规范和道德准则起着十分重要的引导作用。它能使具有不同价值观、道德观的人，甚至是具有不同意识形态的人，汇聚到共同的体育理想和共同的体育价值观下，为实现校园和谐做出了贡献。例如，有调查统计表明，在大运会等大型运动会召开期间，各学校学生的行动力出奇地快速一致，行动率明显提高。

奥运会的五环旗下，为了共同的理想和平、友谊、进步，不同国家和民族的人聚合在了一起。体育文化对人的凝聚作用是其他文化难以比拟的。学校体育文化的凝聚功能具有多层次性，产生于体育文化精神层面的凝结是最深、最强的，也是比较稳定的。相同的体育文化习惯，相同的体育运动项目的选择，会引起不同程度和范围的聚合，如喜欢踢足球的学生可能因为爱好聚合在一起。

（三）传承和传播功能

学校体育文化是指在学校这一特定的环境中以体育活动为主体，按照一定的体育行为规范，在参加校园体育教学、体育活动过程中所创造的物质财富和精神财富的总和。它是以学校为空间，以体育教师和学生为参与主体，以运动为手段，以各种竞赛为主要内容的具有独特表现形式的一种群体文化。它不仅包括体育设施、体育活动、体育竞赛、体育表演等物质财富，也包括体育精神、体育价值、体育道德、体育风尚等内在的精神财富。它和学校德育、智育、美育等一起构成学校体育文化。

学校体育文化作为一种文化存在，既可以满足参与主体的生理健康需求，又可以满足其精神需求；既是一种健身娱乐的方式，又是一种学校文化的继承和发展方式。高校是建设、创造、传播人类文明的示范区，是人类文明的集散地，是培养人才和创新知识的基地，它始终引领先进文化的前进方向，处于教育文化的最前沿，具备先进的传播媒介和手段，对各种社会现象比较敏感。学校体育文化已经成了时代的体育晴雨表，有着一定的先导性，能迅速汇集、传播各种体育信息，及时反映体育动态和体育科技发展水平。

文化发展的一种重要形式是交流和传播。文化传播包括传承性和扩散性两条路线。学校体育文化的传承性是指学校体育文化在时间上传衍的连续性，即学校体育文化的纵向延续性。具体是指具有良好学校体育文化传统并且一直传衍下来。扩散性是指文化在空间上伸展的蔓延性，即文化的横向传播性。学校体育文化的横向传播，既包括各学校和学校之间、学校与和个体之间、个体和个体之间的互相传递。

（四）融合和创新功能

学校体育文化以学校体育学科的建设为依托。学校体育学科是一门交错性、渗透性较强的综合学科，有较强的融合性；它的创新与发展需要运用其他学科最新的研究成果，需要借助其他学科的资源，根据学科发展的目标，优化结构，突出重点，形成特色。因此，学校应以课题和研究基地的建设作为载体，整合其他学科的力量，形成多学科合作攻关的研究氛围，从而推动学校体育工作的开展。这也是学校体育文化创新的基础。

另外，体育的社会化是体育学科发展的趋势，学校体育建设离不开对外交流，高校之间的高水平竞技，社会体育培训基地的建设，体质健康监测实验室的建设，都是学校体育有所作为之处。学校体育工作的顺利开展离不开内因和外因的相互联系、相互作用。通过部门之间、校际之间、学校与社会之间频繁、广泛的体育交流与接触，学校能增进与社会的沟通，开阔体育工作的视野，积极吸取社会活动中的有益成分，推进学校体育工作的开展，学校体育文化的发展。

现代学校体育的发展是以科学研究为主要形式的，这本身就是一种文化创造活动，如体育运动中所提出的"更快、更高、更强"、"友谊第一，比赛第二"、"参与比取胜更重要"以及公平竞争等观念，会逐渐进入学生的体育精神生活，使学生们锐意进取、超越自己，促进自身整体素质的提高，培养自身创新能力。

通过体育去吸收、融合各民族的先进文化是极为有效的。我国积极学习西方先进的体育文化，西方国家也不断研究、借鉴东方体育文化的精粹部分，这都是旨在通过体育文化去吸收、融合他国文化的特质，以繁荣和发展各自的文化。学校体育文化这一功能表现得尤为突出，融合功能让学校体育文化更好地服务于学校体育行为主体的身心健康发展，并且更加个性化、国际化。由此可以看出，学校体育文化的融合和创新功能是与学校为中心的各个领域都有相关性的，而各个领域的发展，对学校体育文化的进步都有或多或少的影响。

第三章 学校体育文化的现状与发展

伴随着国家富强的步伐,中国现代化教育也积极地迈向了更高的现代化,素质教育不断改革与发展,体育已成为学校教育的重要内容之一,逐步形成了一定的学校体育文化。

第一节 学校体育文化的发展现状与问题

一、学校体育文化的发展现状

学校体育文化是指在学校这一特定的范围内所呈现的一种特定的体育文化氛围,是人们在教学和科研实践过程中创造的体育精神财富和物质财富的总和,主要包括体育行为主体文化、物质文化环境、精神文化环境和制度文化环境四部分。

(一)学校体育行为主体文化发展现状

体育行为的主体是体育教师和学生,要了解学校体育行为主体的文化发展现状,就必须了解学生体育文化活动发展现状、学生体育社团构成现状以及体育教师体育文化活动发展现状等,具体如下。

1. 学生体育文化活动发展现状

学生的体育文化活动发展现状主要从学生对体育活动的参与度和参与态度两个方面来体现。课堂体育教学和课外体育活动是学生体育文化活动的两个主要部分。其中,课外体育活动的开展状况更能体现学生体育文化活动的发展状况。作为一种体育教育活动,课外体育是在非常规的体育教学实践中,学生通过参与多样化的体育活动,来达到丰富业余生活、提高运动技能、强身健体等目的。以学生参加课外体育活动的时间、内容和频数来对学生体育文化活动的参与度状况进行剖析;从学生参加课外体育活动的动机对其参与态度进行分析。

(1) 学生课外体育活动的参与度

以学生参加课外体育活动的时间、频数和内容来对学生体育文化活动的参与度状况进行剖析。

在体育文化活动时间的安排方面，1小时以内，主要以柔韧练习、慢跑和力量练习等为锻炼内容的学生占多数；有15.3%的女生和20.8%的男生体育锻炼时间在1～2小时之间，其主要的锻炼内容是球类项目；有7.5%的女生和5.3%的男生体育锻炼时间能够达到2小时以上，其主要的体育锻炼内容是消费型的健身俱乐部课程、网球和足球。

通过学生参与课外体育活动的频数，能够体现学生是否喜爱参与课外体育活动。据调查发现多数学生每周参与课外体育活动的次数并不令人满意。超过半数以上的学生每周仅参与课外体育活动1次，能够坚持每周参与3次以上课外体育锻炼的学生，有10.3%的女生，20.1%的男生，这与我国对体育人口进行评定的"三一原则"严重不符。究其原因，有以下几个方面。

①体育行为主体对体育文化活动认识有偏差。学生学习压力较大，专业知识学习方面耗费大部分精力，没有多余的时间参与体育锻炼，甚至一些人认为参与体育锻炼是在浪费时间。

②体育资源管理有缺陷。学校体育资源缺乏，无法使学生参与体育活动的需求得到满足，再加上学校体育设施以及体育场馆的使用需繁琐申请、收费等使得学生参与体育活动的空间受限、积极性备受打击。

③学校体育工作组织方面不到位，缺乏良好的校园体育活动氛围。

在学生体育文化活动的内容方面，由于男女性别造成的兴趣方向取向问题，学校所选择的体育活动项目能够体现出性别差异。具体来说，那些具有高对抗性、运动量较大的体育运动项目，如篮球、足球、网球、羽毛球、乒乓球等，男生更加热衷于选择；而那些运动强度较小，以健身塑体为主要目的的体育运动项目，如跑步、乒乓球、羽毛球、健身操、网球、游泳、轮滑等，更受女生的青睐。此外，根据相关数据对比发现，学生的体育活动内容更倾向于时尚性，其大多会选择在社会大众中时下正流行的体育活动内容，或更加宽泛的选择范围。学生所选择的体育锻炼项目主要集中在乒乓球、网球、羽毛球、健身操、游泳等项目，在课外体育锻炼中，这些项目由于受到学校体育场馆和器材设施的限制，需要花费一定的费用，这也使得学生参与这些项目的比例受到了一定程度的影响。反之，如果免费开放，那么会有更多学生选择这些时尚类的运动项目。

(2) 学生课外体育活动的参与态度

从心理层面看，动机是在对人的某种行为进行驱动方面中最为主要的心理引导。课外体育活动无论在内容还是在形式方面，都给学生更多的选择余地。根据对一些学校课外体育活动的相关调查发现，与参与课堂体育教学单一性相比，在参与课外体育活动方面，学生都有着比较积极的参与态度，选择的多样性是学生更乐意利用课余时间来参加各种各样的体育活动的主要原因之一。根据相关调查发现，学生参与课外体育活动的主要动机包括兴趣爱好、锻炼身心、缓解心理压力、特长展示、提高体育成绩、协调人际关系等。

从性别来看，男生和女生有着非常明显的差异，男生将娱乐休闲的动机放在了缓解心理压力之后，而女生将缓解心理压力的动机放在了娱乐休闲动机之前。在调查中发现，39.8%的女生和28.3%的男生表示很少参加体育锻炼，其原因主要有不愿意运动、缺少较好的体育运动场地和器材设施、缺少科学的身体锻炼方法等。但是从性别方面来看，男生对课外体育活动的参与积极性比女生高一些，这说明男生参与课外体育锻炼的意识更强一些。以上结果能够证明学生在参与课外体育活动方面具有较为正确的参与动机，这也符合了学校在体育改革中所倡导的"健康第一，以人为本"的理念。其中，身体健康以及兴趣爱好是学生参与课外体育锻炼的最主要动机。这种强烈的参与动机、积极的参与态度能够很好地帮助学生树立终身体育意识，并养成坚持体育锻炼的良好习惯。

需要注意的是，在调查中有22.4%的女生和24.6%的男生认为，其参与体育锻炼的动机是促使体育成绩提高，虽然这种目的存在是正常的，但就动机来说，如果这种外部动机得到满足，那么支撑这类学生参与课外体育活动的动机也就消失了，这会导致这类学生很可能脱离体育运动队伍，对以后的发展产生不利影响，这样参与体育活动的态度是带有消极性的，不利于其养成良好的体育锻炼习惯。

有调查为学校体育部门和学校体育文化建设管理部门提供了新思路。其指出，由于学生处于激烈的竞争状态，学习压力较大、学习非常紧张，有46.5%的女生和35.2%的男生参与体育活动是为了缓解心理压力，舒缓紧张的情绪。鉴于此，有关部门需要有针对性地因材施教，大胆创新，将体育考试方法和评价标准与学生的真正需求结合起来，让学生参与体育活动的动机更纯粹、更简单，使他们从体育活动中体验到乐趣。

2. 学校体育社团构成现状

学校体育社团是以学校内部为主要范围建立的一种单项或综合性体育组织团体。它是不受教学大纲和教学计划束缚的形式多样的体育活动群体，是由有相同爱好的学生共同参与的，从而更好地满足社团成员对于体育学习和参与体育活动的需求。在学校体育文化活动发展中，学校体育社团是其中非常重要的组成部分。表 3-1 为我国学校体育社团构成的情况。

表 3-1 中国部分学校体育社团构成表

调查项	调查结果
种类	主要包括：娱乐休闲类社团、养生类社团、益智类社团、健身健美类社团、户外野营类社团、球类社团、民族传统体育类社团、裁判类社团、技击类社团
项目	所涉及的体育运动项目达 30 多个，如球类、定向越野、轮滑、登山、武术、棋牌、瑜伽、健美操、体育舞蹈、台球、高尔夫、跆拳道、拓展训练、街舞等
外部管理	三种主要的模式： ①在学生会中设有相应的社团部，并由学生会副主席进行分管 ②由学校团委进行直接管理，并由体育部门进行协助 ③由学生社团联合会进行负责管理 以上三种管理模式中，第三种管理模式是最为常见的
内部管理	这主要是由学校体育社团的主管单位对其制定的管理模式和管理规章制度来决定。已经形成了明确和成文的体育社团章程，同时能够根据相关章程来开展体育活动，并进行内部管理。这类学校占到 70%
负责人	由社长个人进行决定的占到 11.9%；由社团全体成员通过协商（会员大会）进行决定的占到 23.2%；由社团主要负责人协商决定的占到 64.9%
干部来源	由主管部门进行直接任命的占到 10%；由社团进行民主选举的占到 35%；由负责人提名并由主观部门批准的占到 55%
社团经费	主要是通过社会赞助
网站建设	在所调查的 211 个体育社团中，建有自己的宣传网站并且具有较为齐全功能的社团只有 5 个，剩余的社团由于种种原因对于社团网站的建设从未考虑

3. 体育教师体育文化活动发展现状

体育教师的体育文化活动发展现状主要体现在两个方面：一方面体育教师自身对体育活动的参与度和参与态度；另一方面是体育教师的体育观念对所教授学生产生的影响。

有调研报告称，学校体育教师普遍认为体育锻炼对人的身体和心理健康有积极影响,但体育教师自身的体育行为参与度只有46.9%。也就是说只有不到一半的体育教师能够通过行为来落实,具有良好的有规律的体育锻炼习惯,真正做到言传身教。有41.8%的体育教师能够积极地参与由学校所组织的各种教职工体育比赛。对于学校体育对学生的身心素质培养方面,有89.8%的体育教师认为学校体育教育作用非常重要,但能够坚持经常练习健身技能的体育教师只有32.7%。由上可知,体育教师虽然能够在体育功能认知和体育观念更新方面紧跟社会和教育的发展而进步,但无法将观念付诸行动是目前存在的主要问题。

与此同时,在体育锻炼中,具有规律的体育锻炼习惯的教师中有超过一半的能够达到每周3次,这也说明,具有良好体育锻炼习惯和健身计划的体育教师并不是心血来潮而参与体育锻炼,他们都有积极向上的参与态度,能够凭借超强的自律能力和科学的锻炼方法来保持体育行为的参与度。调查表明这些体育教师自己也认为,他们的生活质量得到不断提高与他们对体育行为的参与度高有密切联系。参与体育锻炼在不断提高身体健康水平的同时,能够促使心理状态得到改变,正能量积聚,有助于人际关系的改善,扩大交际范围。

调查结果中抛出的问题也是显而易见的,相较于在职的体育教师,已经退休的体育教师经常参加体育锻炼的比例明显要高,这是什么原因?这也使得人们对在职教师的体育锻炼现状产生了较大的担忧,因为这既会影响到体育教师自身的身心健康状况,同时也会影响学校体育文化氛围,并且会对其所教授学生的体育行为习惯和体育行为观念产生直接不利影响。有调查数据证明,能够经常参与学生体育活动的体育教师仅占7.1%,仅有9.2%的体育教师能够经常鼓励学生主动积极地参与体育活动;而认为经常参与体育活动会对学生的学习成绩和学习兴趣造成消极影响的却有56.6%。由此反映出,体育教师尚未完全摆脱传统应试教育观念的影响,重视智力教育而轻视体育,看重分数而轻视学生素质,重视专业知识和技能教育轻视学生长远的身心发展。这表明体育教师忽视了对学生综合素质的培养和教育,失去了素质教育的方向。

(二)学校体育物质文化环境发展现状

学校体育文化活动的发展离不开学校体育设施的逐步完善。学校体育物质文化需要一定的体育设施作为载体,主要为体育器材、体育场地等资源。而这些载体的质量状况会对校园体育文化发展产生一定影响。随着社会的不断进步,国家的不断发展,学校的体育资源也得到了更好的建设与补充。对于中国学校体育物质文化环境的发展现状,以下主要围绕着学校体育设施来进行分析。

1. 学校体育设施建设现状

有考察发现，我国许多学校的体育场地、器材等设施都未能达到国家教育部门所规定的标准，对于相应的运动比赛和运动训练的需要，有些体育教学、课外体育活动等很难得到满足。这对学校体育文化的繁荣发展产生了一定的制约和阻碍。

学生参与体育运动的动机和对体育活动兴趣的产生，很大程度上受到了学校体育物质环境的影响。就目前来看，我国学生的体育价值观念有着较强的可塑性，对于体育的认知，学生尚处于初始阶段和表层。良好的校园体育物质文化环境及充满活力的学校体育氛围本身就具有一定的教育功能。以上这些有利因素，能够使学生形成正确的体育观念，提高自身的体育文化素养。因此创造一种良好的体育教育环境，尤其是具有感官最佳刺激效果的校园体育物质文化环境，对学生来说有着非常重要的意义。

一直以来，我国体育设施建设相对落后。而在一些具有较为充足的体育资源的学校中，其所拥有的体育场地、体育场馆等设施也很难完全地满足需要，如体育教学、运动训练、运动比赛、课外体育活动锻炼以及举办大型体育文化活动等。在学校体育物质条件不完善的条件下，也就很难再要求校园体育物质文化中文化场所和人文景观的建设。就目前学校体育物质文化环境形势来看，我国的学校无论是在体育方面的占地面积还是在体育经费方面都非常有限，严重缺少相关的体育运动场地，这就使得学生日益增长的体育活动需求等问题无法得到满足。除此之外，在一些具有较为完善体育场馆设施的学校中，也普遍存在着利用率较低以及美观度不足等问题。在体育雕塑、运动场馆、宣传标语、体育标志等这些能够体现出学校文化内涵的设计与美化方面的物质文化形态也是很不完善的。

很多学校尚未形成良好的体育物质文化环境，甚至还未具备创造体育物质文化环境的意识。据调查，目前我国大部分学校缺乏主动创新学校体育物质文化环境的意识，而且存在体育宣传途径狭窄、宣传意识弱、宣传力度差、宣传方式单一等问题。在现代信息化社会环境中，学生对体育相关信息的了解和接触大多都是通过网络资源和相应的体育图书资料来实现的，但很少有学校能够将自己学校的体育信息主动积极地放到相应的学校学生论坛和校园网中。不难得出结论，学校体育在这种大环境下，较难保证实现其基本的体育教育目标，更不用提建设良好学校体育物质文化环境的目标了。在当前形势和环境下，要进一步加强学校体育物质文化环境建设的力度，对于学校而言，最为直接可行方法是通过学校体育教师和体育部门主动与学校宣传部、团委、基建处和学生处等相关职能部门进行联系与协商，来加大对体育方面的建设投资。

2. 学校体育设施管理现状

针对学校对体育设施管理的现状，主要以学校体育场馆的管理为例来说明。我国在学校体育场馆管理方面主要采用三种方式，第一种方式是由学校的后勤、总务等相关部门来进行兼管；第二种方式是由学校的体育教学部门来进行负责管理；第三种方式是通过组建专门性的体育场馆管理组织来管理。

这三种管理形式都具有各自不同的优点与不足之处。而其中共同的不足之处是都未能达到良好的管理效果，管理者或者管理团队欠缺丰富的管理知识、管理水平不到位、缺乏协调体育场馆管理机制等。就育场馆管理而言，学校体育设施资源与全社会共享，已经成为我国目前学校体育场馆改革的必然趋势和热点，所以一些学校的体育场馆对学生收费是一个普遍现象，如游泳馆。然而在现实中，学校体育场馆的经济效益与社会上同等级别同等种类的场馆相比，往往经营不善。究其原因，主要在于学校体育场馆经营理念的偏差，存在着对社会开放就是把服务对象面向社会，从而制定高额的收费政策的观点。与社会中的体育场馆相比，很多学校的体育场馆在开业时间、服务细节方面不具优势，很难吸引大量的社会人员；而高额的收费才开放的政策，更是将众多学生群体拒之门外，甚至致使很多场馆多数时间闲置。所以，学校体育场馆管理人或者管理团队，应转变管理意识，切实将全校的师生作为主要的服务对象，通过降低收费标准，来促使更多的学生参与到体育运动之中。此外，还可以利用不同时段的不同收费标准来调节场地的人数密度，增加场馆的使用效率。还可以通过开设各种形式的俱乐部和学习班，来进一步健全相应的体育服务体系。

（三）学校体育精神文化环境发展现状

学校体育精神文化环境的作用，主要是在体育精神层面上对体育活动主体产生的影响，即学校师生对学校的体育活动普遍自觉的思想方式和观念。学校体育文化环境在培养学生的体育道德观念和体育精神风尚方面的作用不可忽视。学校体育精神文化环境的建设对学校体育文化体系的形成与发展影响重大。

1. 学校体育道德观念发展状况

(1) 体育道德方面的发展状况

以礼仪之邦自居的我们，自然对道德这一问题更加重视。当下不得不承认，信息时代下的新知识和新技术所带来的机遇是向好的，但是与此同时降临我们生活的道德危机所带来的挑战也让我们稍微有些措手不及。这已经成为人们当前普遍存在的认知和观点。道德缺失与心理问题频出的现象屡见不鲜，所以加强培养学生的道德素养对促进社会发展来说有着非常重要的意义，而在学校体育精神文化环境下，促进学生体育道德方面的提高，也是对其整体道德素养提高的一方面。

根据相关调查可知，校园体育文化对提高学生道德素养方面有着非常独特的作用。学生参加学校体育活动中的运动表现是学生的道德水平的一面镜子，如"要想打好球，先要做好人""友谊第一，比赛第二""观棋不语真君子"的思想。在一些团队性体育运动之中，其表现更能展现其对体育的内在价值、观念和意识等。由此可知，学生的整体人文素质状况能够通过其参与学校的体育活动中表现出来的体育道德很好地反映出来，而且这种体育实践运动中体现出来的道德水平是更直观更有可信度的。

学校体育活动中很少掺杂功利主义色彩，"团结友爱、公平竞争、重在参与、遵守规则"是学生参与体育活动和体育比赛都能够遵循的原则，同时在活动中也能够表现出非常强烈的爱国主义精神和集体荣誉感。学生普遍表示在体育竞赛中他们最希望能够实现的是体育运动公平竞争、团结一致、裁判公正、重在参与；在体育活动和锻炼中他们最希望实现的是表现自我、实现自我、机会均等、遵守纪律、积极参与、互相礼让。学校为学生提供了一个单纯的、无社会世俗功利的良好环境，学生在校园之中可以安心学习和参加锻炼，来促使自身各方面素质的不断提高，这同时有助于很好地培养和提升学生的体育道德素养。这也是在我国学校体育运动之中，学生能够表现出较好的体育道德基础和较高的道德水准的首要原因。在相对开放的校园之中，学生也会受到学校、家庭和社会等多方面因素的影响，体育道德会存在一些相对不足的地方，这是需要注意的地方。例如，在体育活动中，有一些学生往往会表现出缺乏责任感、自私自利、以自我为中心、不服从裁判工作、缺乏团结合作精神等。这就需要我们根据学生的生长环境，来进一步深入地了解和认识他们的心理需求和成长经历，并对其进行科学合理的体育道德法制教育，通过校园体育文化氛围对他们加以影响和感染，来达到提高学生体育道德水平的目的。

(2) 体育观念方面的发展状况

学校体育观念是指师生对体育所持有的价值的一种认知。据有关调查显示,我国学校师生对体育价值方面的认知都是比较正确的,如有的学生认为通过参与体育运动能够有效地调节和改善人的心情,对促进人的身心健康非常有益,能够使人保持积极乐观向上的态度,有助于提高人的道德水准和智力水平。这也显示出正确的体育观念能够对体育师生在学校中采取适当的体育行为起到积极的指导作用。不过,通过更加深入和详细的调查发现,有很多师生在体育观念方面过于片面和传统,无法完全领会体育运动给个人带来的深层次影响。其对于体育观念的具体内容,无法进行明确的阐述,而有的正确的体育观念在实际行动中付诸实施的更是少之又少。例如,一些离退休的体育教师,人到晚年生活才对体育运动给身心健康带来的诸多益处有着更为深刻的认识,能够更好地、清晰地掌握体育在人的生理和心理健康中的重要作用及方法等,同时也能够长期地坚持参与体育健身锻炼。

2. 学校体育精神风尚的发展状况

(1) 体育精神方面的发展状况

在长期的学校体育文化建设中,由学校师生为实现体育教学目标而逐步积淀、整合、提炼出来对体育的共同的积极认知可以称之为学校体育精神。学校体育精神更加侧重于重视学生的拼搏、竞争、团结协作、意志品质、遵纪守法、奉献、创新等在学生的人生发展中能够带有非常重要的益处精神,同时学校能够积极有效地针对这些方面对学生进行培养。在校园体育文化中,奥林匹克文化必不可少,通过向学生弘扬奥林匹克精神,来对他们的人生追求起到积极的促进作用,使其将"更快、更高、更强"作为做人做事的理想。

学校体育传统、民族、地域、性别与在培养学生体育精神方面关系非常密切,其中最为重要的影响因素是学校体育传统和性别。例如,在培养学生体育精神方面,具有较好优良体育传统的学校更为积极,效果也更为显著。反之,在那些体育尚未形成传统的校园中,学校体育精神对其学生的渗透力较小。在培养学生体育精神方面,与女生相比,男生在校园体育运动中具有更强的拼搏精神,同时也会更加认真一些,这在很大程度上与男性乐于争强好胜的天性有着直接的关系。而在意志品质方面,女生要比男生更强一些,这也与女性善于隐忍和具有较高的韧性强度有着直接的关系。此外,大多数学生在体育运动中能够做到听从裁判、尊重对手、遵守规则的具体要求,但是另外一方面,在体育运动中他们往往缺少相应的创新思维，这也就造成了他们参与的活动总是规规矩矩的，很明显，这对他们创新思维的发展形成了很大的阻碍。可见，在以后的校园体育方面，学校要善于营造出一种较为强烈的体育创新文化氛围，在参与体育运动的过程中要进一步要求学生多动脑，在培养学生的拼搏和公平竞争等精神时，也能够充分体现出校园体育文化对学生体育精神的相应要求和涵养作用。

（2）体育风尚方面的发展状况

有着非常明显的自觉性与传承性特征的，较为普遍的体育习惯和体育行为，我们称之为体育风尚。在学校体育文化生活中，良好的体育风尚能够使其体育活动主体更加健康、活跃和丰富，从而使校园充满青春活力，有助于帮助体育教师和学生形成努力拼搏、积极进取的心态，从而为广大师生提供一个具有良好生活氛围和良好的校园工作环境。此外，还能够促进良好学风和校风的形成，使这种精神内涵对学生终身产生积极影响。

根据相关调查的结果发现，仅仅有 1/3 的师生能够长期坚持自觉地参与体育锻炼，关注体育锻炼与身心健康的关系，对相关健身方法和体育知识进行自觉的学习和掌握。学校体育风尚方面，体育教师和学生的表现差强人意。然而，在一些不需要"以身作则""身体力行"的体育文化方面，如关注体育新闻、观看体育节目等师生参与比例有所上升，能够达到半数以上，尤其是对于热门赛事（如 NBA、世界杯、奥运会等）的直播和转播观看率较高。在一些具有较好的学校体育文化环境中，在体育活动和体育健身方面，师生参与的比例较高。这些能反映出学校传统的体育文化环境对学校的体育教师和学生参与体育活动所带来的较大的影响。相反，如果学校不重视体育风尚的培养，那么师生所受到的相关影响也会非常小，体育活动的参与度也会大大降低。由此，加强学校体育风尚的培养是建设学校体育文化环境中不可忽视的一项。

（四）学校体育制度文化环境发展现状

学校体育制度是规范学校体育领域中尤其是体育运动本身的进行与发展的各种规章与条例，是学校体育活动重要的组织形式，同时也是体现了学校的体育意识。学校体育制度的目的在于实现对体育活动行为进行制约和指导，几乎包含了与体育教学和体育活动有关的所有制度。以下就学校体育传统和学校体育制度两个方面对学校的体育制度文化环境发展现状做出探讨。

1. 学校体育传统的发展状况

所谓的学校体育传统是指学校的体育行为风尚具有相对稳定性、重复性和普遍性的体育活动，通常已成惯例。目前，学校的校级运动会、校内学生体育联赛等，是我国校园体育传统主要的活动内容。相对于其他体育活动，课余体育训练受到了大多数学校的重视，学校还会按照高水平运动或普通学生运动队所具有的独特特点，安排适合的运动训练，组织参加相应的校外体育比赛。有调查发现，多数学生对于体育节等活动的关注度不够，有些甚至说不出本校体育节名称。除学生自身的原因以外，这也在某种程度上说明，学校体育活动的管理者并没有形成相应的体育文化意识，在体育文化活动宣传力度和宣传方式上存在问题。但是不可否认学校体育传统确实在学校体育文化的发展和建设中起着不可忽视的作用，学校形成体育传统的本身就是一种对学校体育文化的宣传，有效的宣传能够提高体育活动主体的参与度，较高的参与度对学生体育文化的自身建设有重要促进作用，这需要学校体育事业的管理者或者管理团队做出有效的宣传。这也为学校体育课程的设置提供了一些改进的动力。缺乏设置体育理论课，这是大部分学校都存在的问题，而且体育知识竞赛和体育专题讲座方面的安排亦甚少。究其原因，大部分学校注重体育实践课才符合体育课程中有关"运动"的本质。但是在那些学校体育传统良好的少数学校，其理论或者说文化是与具体的体育实践活动有机结合的。体育文化素养不是实践这"一条腿"就足以支撑或促进其稳步向前的，也不是通过集中一段时间便可以形成体育传统的。体育文化素养的不断提高，是提高学生人文素质的重要组成部分，同时也是形成学校体育传统的基础，这依靠学校体育理论课程与实践课程的合理设置以及体育文化氛围培养，体育教师和学生自身体育意识的正向改观。

2. 学校体育制度的发展状况

学校体育规章制度的进行制定和实施是为各类体育文化活动的成功举办提供保障，并对学校主体的各部门、各层面工作进行协调，从而最大限度地发挥出体育活动中人力、物力、财力的作用。

调查有关学校的体育制度发现，我国学校在遵守国家颁发的各项制度的前提下，少数能够根据本学校的体育教学情况、运动队比赛和训练、校内体育比赛、场地器材设施管理、体育教师管理的需要，来有针对性地制定具有本学校特色的体育制度。这是值得肯定的，但是对于大多数学校而言，仍然存在问题，如少数学校的体育制度文件并没有具体落实到实际，这就造成了很多制度的作用无法得到充分的发挥；现实中有大量学校在学校体育长远规划、体育组织机构建设、校园体育文化管理机构建设、高水平运动员管理和体育教师绩效管理等方面尚未形成制度化文件，制度化、规范化局面的形成也就无从谈起了。此外，有一现象时不时会出现在人们的谈资中，一些学校缺乏对体育工作应有的重视，没有按照国家学生体质健康标准来实施学生体质测试，测试所得出的数据可信度差，在其被纳入学生毕业和评优之中时，造成了对学生综合测评的不公正。

二、学校体育文化发展中出现的问题

我国的学校体育文化与一些发达国家相比，有着很大的差距，处于起步阶段。社会经济发展不均衡、教育经费短缺和我国传统教育文化影响是造成这种问题最主要的原因。

（一）学校体育行为主体文化问题分析

1. 学生参与度低、参与态度不积极

在"高校"除体育专业生外，一般学生为未来就职打算，把大多的精力都用在了专业知识的学习和社会的实践中。加之，由于学校的体育资源匮乏，导致学生的体育活动需求无法得到相应的满足；由于学校体育工作管理不到位，缺乏良好的校园体育运动氛围，没有形成学校体育传统惯例，就使得学生对学校体育活动的参与度较低与对体育活动的参与态度不够积极。

2. 体育教师对学校体育文化的认识不够

许多在职的体育教师都是应试教育的成果，因此他们自小就被灌输的"体育"概念就不够正确。在教育改革的浪潮下，应试教育向素质教育过渡的当下，我国有相当一部分体育教师仍然无法从过去中国传统的教育观念影响中摆脱出来，过于重视智力教育而轻视体育，重视考试分数而轻视学生素质；他们没有正确认识到学校体育文化的教育和渗透作用同样重要。学生在学好专业知识和技能教育的同时，也需要培养综合素质，这同样也离不开学校体育教育的协同。

3. 体育社团不受重视

体育社团受重视程度不够是学校体育设施建设和体育活动开展中所存在的主要问题，它的主要表现为经费不足、管理不完善、校方缺乏必要的鼓励和指导。整体而言，我国学校的体育文化与其他发达国家相比，尚处于起步阶段，存在着很大的差距。学校体育教育经费短缺、社会经济发展不均衡是我国校园体育文化的问题。除此之外，这还与我国传统体育文化有关。要解决这些问题需要相关方面协同努力。例如，社团本身做好管理工作、学校给予经费支持等。

（二）学校体育物质文化环境问题分析

1. 学校体育硬件设施建设不足

通过对我国当前学校的相关调查发现，各学校的体育硬件设施不令人满意，很多学校体育场地设施和体育场馆过于陈旧，甚至有的学校不具有标准的体育运动设施和场馆。在这种情况下，很难满足学校体育教学、运动训练和运动比赛、课外体育活动以及举办大型体育文化活动的需求。导致我国学校体育场馆、设施器材等体育硬件设施不足的原因可以归结为以下三个方面。

一是各区域间发展不平衡，学校体育经费不到位。经济的不平衡导致了区域间学校体育投资经费的差异，再加上各个地方相关领导部门对于学校体育的地位、目的和态度存在着不同的认知，甚至一些地区并不重视学校体育文化的开展，这样的态度造成了很多学校并没有被提供资金支持，从而导致了现有的体育场地器材和体育场馆无法满足学生的体育需求。

二是体育硬件设施的管理不善，造成了本就不足的体育物质资源更加有限。有一些学校具有较为齐全的体育场地器材和体育场馆，但在具体运行的过程中时间安排、申用制度等不妥，这就导致了向学生开放的次数也在相应地减少，甚至只有在比较重要的时刻才会向学生开放，这种现象普遍存在，造成了有限体育资源的浪费。

三是学校盲目扩招造成的体育资源紧张。一些学校的盲目扩招，导致了学校中的体育资源显得紧缺，现有的学校体育物质资源很难满足生源的需求，而体育建设的经费又不足。

2. 学校体育物质文化场所与人文景观较为缺乏

在学校体育硬件设施都很难满足的情况下，就更不用说学校体育物质文化中的文化场所和人文景观了。

通过走访调查发现，发达国家在学校的文化场所和人文景观建筑设计与规划上充满着人文精神理念与优美的气息。例如，美国，基本每所学校都建有两个或三个体育运动场馆，其中也包括一个或两个综合性场馆，以便开展各种体育活动或其他活动，在一半以上的学校中，都设有相应的游泳馆和田径馆，并且也经常组织和举办各种比赛活动。对于我国学校体育类书籍的调查中显示，很多学校图书馆的藏书中，与体育有关的书籍大都比较陈旧，而且数量也比较少。

（三）学校体育精神文化环境问题分析

1. 学校体育道德观念的问题分析

在学校家庭社会之间的壁垒越来越薄弱的信息化时代，社会的道德标准一定会对学校和家庭对学生的道德教育产生影响。而在我国当前的社会背景和家庭背景影响下，很多学生在体育活动中往往表现出缺乏责任感、缺乏合作与团结精神、自私自利、不尊重裁判、以自我为中心等不好的体育道德。这就要求根据体育教师对学生所生活的成长环境、成长经历和心理需求进行更深入的了解，并通过科学、合理的体育道德法制教育，营造良好的校园体育文化氛围，来影响和感染学生，从而促进学生的体育道德水平得到不断提高。

即使有社会道德中的不良因素对学生的不利影响，但是学校还是有相对纯净的环境，学校体育教育能让学生获得较为正确的体育观念。当前学校体育与社会体育日益接轨，学生的体育观念如果仍停留在原有基础上，不仅会使学生对学校体育运动兴趣丧失，还不利于学校体育精神文化环境的建设，最终会对学校体育和学生的健康发展产生较为严重的影响。学生有较强的可塑性，只需要通过加以引导，并对相关的内容进行学习和辅导，就可以对体育文化更深层次的内容进行理解，转变不适当的体育观念。

2. 学校体育精神风尚的问题分析

相对于现在学校体育大部分学生中规中矩的体育精神风貌，学校体育精神文化环境更提倡体育创新思维。不可否认绝大部分学生能够做到服从裁判、尊重对手、遵守规则的要求，这就已经是在学校体育活动中很好的精神表现了，但在此基础上如果能够在具体的体育活动实践过程中锻炼创新性和灵活性，这在很大程度上也锻炼了学生整体的创新思维的发展。因此，这就要求在今后的学校体育精神文化环境建设中应当营造一种强烈的体育创新文化氛围，要求学生在体育运动过程中积极动脑。

时代在进步，学校体育风尚在改进，体育教师和学生体育观念在逐步转变。对于那些面对体育活动有着较差的自主参与意识，在体育活动实践中自主参与的比例较低的体育教师和学生，负责管理学校体育文化的部门要对广大师生的体育行为进行引导，通过对各种体育文化活动进行积极组织,来帮助师生将转变了的体育观念付诸体育行动,这对于形成稳定的校园体育风尚一定会有积极的影响。

(四)学校体育制度文化环境问题分析

完善的学校体育规章管理制度是学校体育文化建设和发展中重要的保障,这也是开展和管理学校体育文化活动的重要依据和准则。它是学生进行体育行为要遵守的规范和基本原则,学生也正是在这些体育制度的约束之下,慢慢形成了依规行动的意识。当然体育制度不仅仅只是针对体育运动的主体,还包涵体育运动前后的方方面面,如体育管理制度和体育测评制度。具体来说,我国学校体育制度文化发展中存在的问题主要有以下两个方面。

1. 学校体育制度僵化

学校体育制度的僵化表现为两个方面,一是缺乏灵活性,二是缺乏系统性。

在学校体育制度缺乏灵活性方面我们可以看到,目前,我国各学校已经形成了形式各样的管理规章制度,这些传统管理体制下的条条框框的体育管理制度有着很多束缚,特别是那些乏味、沉闷的体育教学和考试评分制度,严重制约和阻碍了学生体育活动朝个性化方向发展,缺乏创新性;加之场馆管理的不灵活,如申用的繁琐步骤、场馆不合理的营业时间、收费情况,严重影响了体育资源的合理使用。

在学校体育制度缺乏系统性方面,我们可以看到,学校体育制度文化的建设是在具体实践中逐渐形成的,在建设的过程中缺少合理的、科学的规划。而我们知道,任何制度拟定都要求具有系统性,并且大部分的体育活动都需要周密的计划和严密的组织才能开展。由此可见,在校园体育制度文化建设过程中,需要学校体育管理者或管理团队不断完善体育制度,完成体育制度的系统性合理性,用规章制度来建设学校体育文化事业,而不能让体育制度成为体育文化事业建设中的绊脚石。

2. 学校体育制度流于形式

很多学校不重视本校体育传统的传承和体育特色精神文化的建设,使得不同学校体育文化的建设呈"复制性",这种一致性对发展校园体育文化有诸多不利。各个学校在学校所在的区域地理环境、气候因素等方面存在差异,再加上师生结构、办学条件等的影响,在建设学校体育文化的过程中,应根据学校具体实际,将学生作为主体,来构建具有本校特色的学校体育文化，而不是对某种成功模式进行照搬，通过简单的复制便获得同样成功的建设经验是不可能的，更是不可取的。

在建设学校体育制度文化的过程中，要辩证统一看待其内容和形式。但在具体实践中，一些学校的管理者平时并不重视体育，却在一年一度的校运会方面却追求表面形式，敷衍举办，举办之后继续忽略，导致体育的重视程度始终处于较低水平。这种形式主义，打击了学校师生参与体育的兴趣和热情，而且也不会对师生体育观念的转变产生积极的影响，无法达到营造良好的学校体育制度文化氛围的目的。这同样致使很多体育活动流于形式，一些学校为了能够突出自身体育方面的成绩，重点抓一两个体育项目，使得校园体育文化活动的多样性受到限制。这种做法不利于营造良好的体育文化氛围，只有丰富学校体育文化活动的形式和内容，才能使校园体育文化焕发生机和活力。合理有效的体育制度是为学生服务的，开拓学生思维，培养学生体育文化素质以及综合素养；合理有效的学校体育制度，是为学校的体育文化活动服务的，是创造具有本校特色的体育文化环境重要因素之一。

第二节 学校体育文化的发展策略

针对学校体育文化我们分析了发展现状，发现了其中的问题，并且找到了一些原因。由此，要加强学校体育文化建设需从四方面着手，分别是促进学校体育行为主体周边环境建设；促进学校体育物质文化环境建设；促进学校体育精神文化环境建设；促进学校体育制度文化环境建设。

一、促进学校体育行为主体周边环境建设

学校体育行为主体，即学校的体育教师和学生，是学校体育文化的主要载体，是学校体育文化建设的主体。主体离不开环境，其生长生活环境就其体育文化形成与发展十分重要。所以，学校体育行为主体的周边环境主要包括学校、家庭和社会三方面，将这三方面因素有机结合起来，才能更好地促进校园体育文化的建设与发展。

（一）促进学校图书馆建设

体育学科充实的图书资料是其发展与建设的基础之一，图书馆便是这些资料的主要来源。当学生对某项体育技术或某一项目的竞赛规则有兴

趣，而学校的体育课又没有涉及相关的知识时，学生解决问题最有效和最直接的方法可能就是去学校的图书馆查阅相关书籍。据调查，相当一部分学校，图书馆中的资料在体育学科方面涉及的数量与范围都比较有限，而且资料的更新不充分，这就使得图书馆中的资料滞后或者缺乏，并不能满足学生的需求，这使得学生多样化体育活动的举办与发展受到了一定程度的制约。这就要求学校在体育学科藏书方面要扩大存量与范围并及时更新。同时如果现实条件允许，可加强学校间体育学科图书的网络共享，使学校体育文化建设打破壁垒，共同进步。

（二）促进家庭体育文化意识的培养

父母是孩子的第一位老师，家庭是学生的第一个教育环境，也是伴随学校教育的另一个教育环境。在进入学校之前成长于家庭的教育环境中，入学后仍是家庭的成员。家庭生活的一点一滴对学生的体育兴趣的形成和培养起着关键性的作用，而家庭体育文化对学校体育文化的建设也起着基础性的作用。这就要求培养良好的家庭体育环境，家长要积极地参与体育锻炼，来营造出良好的家庭体育文化氛围，从而为孩子树立一个良好的榜样。如果学生参与体育锻炼的积极性不高，就更需要家长的督促、协助和鼓励了。家长身体力行，以身作则，孩子才能有积极的体育文化意识。

大部分家庭都偏重于学生文化课成绩，而忽视学生是否参与体育活动，在一定程度上影响了学生的健康成长。加强培养家庭体育文化意识有助于帮助学生培养良好的体育爱好，促进学生的全面发展。培养家庭体育文化意识，要求家庭配合学校的体育文化建设工作，在家庭中确立"健康第一"的思想，让学生身心共发展，身心之力支撑头脑智力。家庭体育文化环境建设，不仅可以促进家庭成员之间的和睦共处，同时也有助于培养学生的体育兴趣与爱好。

（三）促进社会文化活动的组织

社会体育文化环境的建设对学校体育文化环境的建设也有着重要的作用。社会体育文化环境对培养学生体育锻炼的兴趣及习惯有着重要的作用。学生是家庭的成员，但同时也是社会的成员，无论是学生自身还是学生所在的家庭环境，都会受到社会体育文化环境的熏陶，是社会体育文化建设中的重要组成部分。这里所说的社会是指"进行一定的社会活动，具有某种互动关系和共同文化维系力的人类群体及其活动区域"。

社会体育文化环境的功能之一是为学生创造良好的体育活动场地和活动形式。一般来说，每个社会都会举办各种各样的体育文化活动，既能够丰富学生的体育锻炼内容，同时也能够为学生参与社会体育活动提供一定的空间。利用寒、暑假，专门为学生举办各种各样的集体活动，使学生能够在假期得到良好的锻炼机会的社会团体组织，一般情况下，体育设施条件好、体育氛围比较浓厚。除此之外，很多社会团体的体育活动，都缺乏相应的体育指导，无有效方法将具有"一技之长"的学生组织起来，巩固或者开拓其自身的体育技能。

学校体育活动可与社会体育活动结合，以相辅相成的联合模式开办体育活动。在组织体育活动或体育比赛时，学校可以充分利用社会的体育文化环境条件，将学校体育文化活动扩展到社会中去，进一步扩大学生参与体育活动的空间。而且要积极鼓励学生参与到社会体育活动中，将一些社区体育活动引入学校，为学校体育文化氛围的营造提供社会方面的支撑。同时又以学校体育文化氛围去影响社会和家庭，为学生打造良好的体育文化周边环境；也是积极响应"全民健身"的有效方法之一。

二、促进学校体育物质文化环境建设

学校体育物质文化环境建设是学校体育文化建设的基础条件。所谓学校体育文化中的物质文化是经过人们对自然物质的组织、改造及其利用而形成的文明现象。学校体育的物质文化，不仅包括学校体育场馆、设施、器材设备，而且场馆内部的器械布置、体育建筑的风格、学校所处的地域等也属于校园体育物质文化的范畴。近年来学校体育功能多元化趋势明显，体育功能的多元化对学校的体育馆、设施、器材的配备等现代设施功能的开发利用以及层次不断提高，但是在其开发、使用、管理和维护校园体育物质文化中也产生了一些新的问题。为了能够将这些硬件设施的效益及功能尽可能地发挥出来，要加强对体育设施的使用、维护和管理，这也是促进学校物质文化环境建设的重要措施。具体来说要做到：体育设施的高效能管理；体育物质资源的优化整合；强化体育设施的标识性。

（一）体育设施空间的高效能管理

体育设施空间，具体是指体育活动场所和体育建筑等的空间。管理利用这其中的空间，是学校体育文化环境建设的一部分。例如，学校的体育雕塑、体育建筑以及体育设计本身就是一种文化现象，它们也是体育意识文化的载体，将人们的知识、智慧和思想凝聚起来，在一定程度上将人的情操、价值观和意志等通过物质外化了出来。这些体育设施的空间构成，在对人的性情陶冶方面，能够产生"润物细无声"的作用。学校的体育设施高效能管理应用，就是在进行学校体育物质文化建设的过程中，要因地制宜地对学校空间充分利用，合理布局体育场地，使体育文化活动得到高效开展。在进行体育设施建设的过程中，建设体育场馆、添置体育设备等都要进行科学精细的布置与安排，学校体育文化环境能够在审美需求和使用功能方面达到和谐统一，这样就完成的体育设施空间的高效能的管理。

（二）体育物质资源的优化整合

学校现有的体育资源是指学校已经设置的具体的体育场馆和运动器材等，包含可用的和被废弃的。将学校已具备以及短缺的体育资源进行合理的分配，就是对学校体育物质资源优化整合。具体操作就是，优化可利用体育资源的时间性，让其最大限度地为体育活动服务；对于废弃但可用的体育资源，通过维修和添置配件等方式继续使用，如已暂停使用的体育场馆要进行维修和还原，或者作为其他的体育场馆的建设基地，即对其修缮再利用；资源再利用节省下来的资金投入到短缺的体育资源建设上来；废弃不能再利用的器材，要及时处理掉，方便管理。以上这些体育物质优化整合的方式，是从时间中总结的合理有效，值得各学校借鉴。然而，随着现代社会的进步，体育课方面学生的要求也是越来越高，学校体育物质资源短缺问题进一步加重，要使体育教学需求和学生参与体育锻炼的需求得到最大程度的满足，除了加大投资力度以外，对学校体育物质资源的优化整合也是有效的方法之一。

（三）体育物质资源的教学型

学生在进行自主锻炼的过程中没有体育教师进行指导，这时提高体育物质资源的教学型是非常重要且必要的，这样可以使学生能够获得科学、安全的指导和保障。提高体育场地设施的教学型，主要可以通过以下两种办法。

一是，设置雕塑，营造氛围。例如，在相应的体育场馆设置一些相关的知名度高的体育雕塑，表明雕塑的来历，个人简历和获得的所有荣誉，用模范的作用来为学生营造一个浓厚的体育锻炼意识和氛围。

二是，设置"教学牌"，自选自学。在相应的体育设施旁设置比较详尽的"教学牌"，简要说明活动项目的名称、活动方法、活动示意图和注意事项以及能够锻炼的身体哪部分机能和何种素质等，以此来使学生在选择体育活动时更加有自主性，参与体育锻炼时更加具有目的性，在一定程度上加快学生体育文化素质的提高。

三、促进学校体育精神文化环境建设

优良的学校体育精神文化是与学校优秀的文化传统一致的。加强对学校体育精神文化的培养，可以使学生产生一种较强的凝聚力和向心力。因为学校体育精神文化反映着深层的体育思想观念，是大多数学校体育行为主体认可并遵循的体育价值取向和信念，具有极强的渗透力，弥漫在整个学校的环境因素与群体之间，形成一种浓烈的体育精神氛围。由此，需要对学校、教师和学生三方面提出要求。

（一）学校体育管理者需转变观念

学校体育学科管理者和有关部门领导，应积极转变观念，应充分认识到学校体育精神文化的作用，不是将学校的竞技成绩定为衡量该校体育工作开展情况的唯一标准。例如，有一些学校在校运会上只设上一届运动会的比赛项目，在很大程度上遏制了一部分师生参与校运会的热情。又如，有些学校只注重学校之间的体育运动比赛时本学校的成绩，没有更好地建设本校内的体育精神文化环境，长此下去许多校运会就会逐渐变成选拔体育人才的工具，并导致参加者与观看者数量的逐渐减少。这些反例给学校体育管理者们警醒，使其自省。而后可以向有良好的学校体育精神文化的学校的管理者学习经验，以期更好地建设本校的体育文化。

（二）体育教师需加强体育意识

体育教师是学校体育文化的传播者和指导者，在建设学校体育精神文化环境中起着主导的作用，而有着主导作用的体育教师，对学校体育文化的认识程度深刻与否，对其能否发挥积极导向作用极其关键。例如，当前学校中年轻且经验少的体育教师，在学校环境中"体育的建设就是对体育尖子的培养"的指示贯彻在其教学中，只针对体育尖子生任教，对其他的学生不管不问，"一个哨子，两个球"一节体育课就不了了之；还有一些体育教师为了便于操作，草率行事，压缩校运会的规模等。上述情况中的体育教师学校体育文化意识薄弱，缺乏对学校和学生的责任感。要促进学校体育文化的传承与发展，有些学校有些体育教师还需要提高对体育文化的认识。首先，体育教师要端正态度，增强责任感。正视自己在学校体育文化建设过程中的作用，遵守学校体育教师制度，体育工作保持应有的责任感。其次，体育教师要增强自身体育文化意识，言传身教，用行动影响学生。此外，体育教师还要善于创新，勇于实践，更好地确保学生受到全面的素质教育。

(三) 学生体育意识需培养和提升

章罗庚先生在提及校园体育文化时说到,"通过教师课堂的传授或专题的讲座、同学间的交流,让他们了解项目的基本规则、技术特点、项目的发展历史、曾经在该项目获得辉煌成绩的运动员",这可以陶冶学生的情操,提高学生的体育兴趣。学校的体育精神文化的集中体现于学生的道德观念和体育精神上。

培养和提升学校体育意识时,应充分发挥宣传工具的作用,多渠道、多方式地去传播。可以利用校广播、体育宣传栏进行宣传,对展示体育知识、我国体育健儿为国争光的事迹以及学校体育健儿参加各级比赛的拼搏精神等精彩图片,进而激发学生爱国、爱校的热情自豪感;还可以利用学校体育网页的制作、体育知识讲座和竞赛的开展,以及手抄报、班级黑板报等形式,传播体育知识,激发其对体育的热情。

另一方面,学生体育意识的培养与提高离不开学生对体育的兴趣。培养学生体育兴趣的最佳方法之一是让其参与体育比赛。但由于学生的体育水平、所要参与的体育活动人数限制等方面的问题,体育比赛不可能让所有学生都参与,也就是无法让所有学生都通过参加比赛提高体育兴趣,此时学生观摩学习能力的提高,就可以使学生提高体育水平,尽快加入到体育比赛中,也就显得非常重要。

四、促进学校体育制度文化环境建设

健全并且规范的体育规章制度,加之完善的学校体育管理体制和学校体育组织机构,才能保证学校体育文化得到健康发展。而对学校体育制度文化环境的建设也是为了更好地促进学校体育文化的发展与传承。以下从三方是对学校体育制度文化环境建设的建议。

(一) 管理机构专业化

学校体育制度中存在管理方面的问题,要解决此类问题需要学校体育教学部统筹管理的各专业性机构。因为体育教学部门是学校开展的各种体育文化活动进行组织和管理的重要部门,在它的统筹下组织建设分机构,使其既能使学校各部门的体育资源得以整合和优化,又能保证学校体育文化得以协调统一的各方面,再下设各管理人,专人专责又巧妙配合,更好地发挥体育活动管理机构在建设学校体育文化的作用。

学校资源管理部门要加强体育场馆设施的建设和管理。体育场馆设施的建设是建立良好学校体育文化氛围必不可少的物质保证，有了运动场所，就会自然而然地吸引普通学生积极主动地参加体育活动。学校应将体育场馆建设摆在学校环境建设的重要位置，真正落到实处。此外，学校应适当建设具有学校体育文化气息的、具有代表性的、具有体育象征意义的雕塑，为普通学生树立体育精神的偶像，增强他们的体育意识。

整合资源，做好规划。一些学校由于投资渠道不畅通，导致体育场馆器材缺乏，加之体育教师数量和素质方面存在的不足，给学校体育文化建设带来一定的困难。为此，学校必须在加大投入、完善管理的同时，对现有的体育资源进行合理的整合，充分利用和开发现有资源，并根据实际需要做出合适的中长期发展规划。一方面，健全组织，抓好体育制度文化建设。要成立专门的学校体育领导小组与相应的基层组织，出台有关体育文化活动的政策、制度，实现体育文化活动的制度化、规范化，加强学生的自我组织、自我管理能力，调动学生的积极性和主动性，使学校体育工作逐渐纳入民主化和规范化的轨道。另一方面，发挥体育教师的主观能动性，拓展、提高自身水平，以适应多个运动项目指导的需要。要主动爱护和维护体育场地器材，通过自制一些简单实用的体育教具，设法满足学校体育活动的需要，对传统体育项目可根据需要进行取舍，使学校体育文化建设有一个好的发展基础。

（二）管理工作明细化

众所周知，体育教学部门负责学校相应体育文化活动的组织与管理工作。工作中，要对群体动作的范围和内容进行明确；要对群体工作的具体管理部门进行确定；并设立相应的专门管理机构和负责校园体育文化活动宣传的专门宣传机构。这些工作存在不够明确细化的问题，导致管理工作不能简易进行。例如，由于缺少相应的工作量要求，学校体育教师在参与群体工作中参与度，这就要对体育教师的群体工作制定比较完善的管理规章制度。

体育宣传部门要搞好宣传工作。围绕着学校体育文化建设，搞好宣传工作，首先从感官上刺激学生进行体育锻炼的欲望，然后逐渐形成一种体育意识，引导体育行为，如以知识窗、板报、宣传栏、标语等方式大力宣传体育知识。宣传活动在内容的选择上要贴近学生的现实生活，有创意，举办各种不同的活动，如标语征集活动、在学校网上设留言板，征集学生最希望知道和了解的体育知识等。另外，关于学校体育历史和文化活动的宣传也要到位。写好校体育史、建好校体育史陈列室，通过资料记载和实物展示生动形象地反映学校体育文化的历程，激励学生继承和弘扬学校体育文化的优良传统。要发挥优秀体育学生在学校体育文化建设中的独特作用，采取请进来、走出去的方式，让在校普通学生亲密接触竞技精英，以他们的运动精神为榜样，用他们的运动生涯、刻苦锻炼的精神、运动经历、运动感悟和体育成就，激励在校的普通学生积极投身到体育锻炼的热潮中去，提升自身的体育素质。在开学典礼、毕业典礼、校庆、重大节日或纪念某一人物、事件的具有特殊教育意义的活动中都应该看到体育的身影，并进行精心设计、认真组织。例如，在开学典礼上就应为广大新生展示体育的魅力，宣传"体育与健康"知识，使他们在入学之初就埋下"体育与健康"的种子。这不仅是宣传学校体育文化的良机，也为开展学校体育文化传播的后续工作做好准备。

加强学校体育竞赛运动队的建设与管理，发挥学校课外体育社团、俱乐部的作用。学校的运动队在学校体育文化建设中有着举足轻重的地位，有特色的运动队常常能成为凝聚学生的一块磁石，也是学校对外的一个窗口。因此，仅从加强体育文化氛围的角度考虑也很有必要加强高水平运动队的管理。为保证高水平运动队的运转，应建立科学的高水平运动员管理条例，规范高水平运动队竞赛制度，提高教练员执教水平，科学分配学校高水平运动员运动训练竞赛经费支出，为学校争得更多的荣誉，为普通学生树立更好的榜样。学校体育社团、俱乐部是课外活动的重要组成部分，学生可根据自己的运动能力、运动爱好，自愿选择参加某一社团或项目的俱乐部进行体育锻炼。学校课外体育俱乐部的建立应根据学校体育场馆器材条件、体育师资力量和本校的传统体育项目，结合广大学生的运动兴趣实施。学校课外体育俱乐部的建立可与学生会的体育部联系在一起，使俱乐部在教师指导下进行各种体育项目的活动。

（三）制度执行特色化

我国面积辽阔，各地状况不同，由此各个学校在地理位置、自然环境、气候条件、师生构成、学校规模、类型和办学条件等方面存在很大差异，在建设学校体育文化方面的具体思路与传统也不尽相同。姜志明和樊欣在谈及大学校园体育文化研究时提到"一个学校在体育方面形成并延续着带有普遍性、重复出现的相对稳定的一种独具特点的文化形态多表现出自觉、经常的基本特征，并具有教育、导向、规范、凝聚和激励韵力量"，这就是学校的体育文化的传统和特色。

完善体育管理规章制度。学校体育文化的形成因素之中就包括制度文化，因此规章制度是体育文化建设必不可少的保证。目前我国学校在体育管理制度上还存在着一定的漏洞,这就要求学校的相关部门除了要认真贯彻国家下发的体育规定外,还应当切实健全本学校各方面的细化制度,对于学生的成绩资料、教师教案等,都要编入档案进行保存。要制定好组织各种体育活动的时间、地点、对象和活动主题等。学校体育文化活动的开展是学校体育文化建设的主要措施之一。开展体育活动的形式是多种多样的,除了体育教学范围内的体育活动外,还可以通过学生会、体育部等学生组织或学校学生工作部组织开展内容丰富多彩的体育比赛。其内容应贴近普通学生的实际,不能生搬硬套竞技体育的比赛规则,可以降低要求,变换形式,但要符合公平、公正、公开的原则,尊重体育道德精神,以此来培养学生高尚的体育道德风尚。

对于体育场馆的管理、教学活动和体育竞赛等都应制定出详细的规章制度,这样才能给学校体育文化的建设提供制度上的保证。所以,在学校体育制度文化建设过程中,各学校应根据本校的具体实际,在符合国家关于学校体育制度的规定下,制定有自己学校特色的体育制度,促进学校体育文化的发展,并形成本校的体育文化特色和传统。

第三节 学校体育文化的交流与传播

在信息技术时代、网络一体化社会的大环境下,学校体育文化的交流与传播方式产生了很大的变化,也面临着一些新的挑战。本节分析学校体育文化交流与传播的发展现状,以期为其未来提出发展战略。

一、学校体育文化交流与传播的发展现状

(一)学校体育文化交流与传播方式的多向化

整个世界都伴随着网络科技的快速发展日新月异。学校体育文化的交流与传播当然也不例外。科技为人们提供了各种媒介产品与全新的获取信息的平台,这促使体育文化的传播方式和特点也发生转变。学校体育文化的交流与传播的方式之前主要是面对面的口述、纸质的书籍报刊、音频的电台、视频的电视等,多是向受众传授。现代的网络环境不仅为媒介的发展提供了土壤,使得传播渠道多向化(如学校校园网、微博、微信等),而且学校体育文化的交流与传播方向也开始由过去的单向传播向双向传播

转变（如自媒体让传媒资源可以在受众与制作方之间转换）。就央视体育频道来说，它是目前国内最大的体育传播机构，通过对各种新的传媒资源进行积极搜寻，来对自身在网络环境下的地位加以巩固。无论是体育教师还是学生在交流相关体育信息时，都可以采用微信、微博、官方网站以及电视媒介等途径来实现，还可以自行制作学校体育文化资讯在网络进行交流与传播。学校体育文化交流与传播渠道的多向化和方向的双向化，形成了学校体育文化交流与传播方式的多向化。这从很大程度上深入地挖掘了学校的体育文化，使得学校体育的行为主体更加了解和贴近体育文化，为学校体育文化交流与传播起到了推动作用。

（二）学校体育文化交流与传播媒介的融合化

网络带动着传媒行业的进步，网络环境的存在为传播环境的成长与发展提供了最基本的保障。随着现代互联网技术的快速发展，多网络平台已经发展成为学校体育文化发展和建设的重要途径，在此环境下，对体育信息接收方式的个性化与多样化也逐渐在学校体育行为主体，即体育教师与学生中形成。为了使学校体育文化交流与传播在根本上就能对这一现状有所适应，要求将各方资讯加以融合。其中，媒介融合是对各种传媒产品进行强加利用最主要的方式。目前大学生在使用媒介方面有着较高的频率，是促进网络传媒快速发展的重要群体之一。在学校体育文化交流与传播媒介如此之多的情况下，其融合化的表现主要有以下几个方面。

一是，融合各方面媒介的体育文化内容。体育文化工作做得好的学校，为了方便学生浏览体育资讯，更好地参与讨论和交流，通常会通过对一些体育网站、官方微博、官方微信号等，进行体育资讯的整合设置，同时还可以创办一些相关的网络专刊，专门对某项体育或者某项赛事进行实时报道。针对体育文化的传播内容，可以通过丰富的手段来实现，是现代学校体育文化交流与传播的极大优势。

二是，融合各方面的体育文化传播形式。学校体育文化传播形式经历了从文字到视频、从静态到动态等不同的时期，其传播方式中都在发展创新。网络时代的到来，使各时期、各类型的体育文化传播方式得以融合。一个网络平台可以获取各种类型的关于学校体育文化资讯，如电子书、电台播音、电视直播或重播、自媒体视频等。

（三）网络媒体受欢迎度居高

与之前学校体育文化传统地按照自身发展的特点来参与信息的交流与传播相比，网络媒体受学生们的欢迎程度必然居高。网络媒体促进了学校体育文化交流与传播的发展，在网络环境中随时随地就可以接收媒体的信息，使学生获取体育资讯更有实时效性。另一方面，网络媒体也使学生对体育信息的参与性更强。信息传播在网络环境下也逐渐演变成为信息服务，学生可以不受时间和空间局限，对体育文化资讯自由接受、点评、交流和传播。现代科技与网络的结合，催生了很多智能产品，这也确保了作为学校体育行为主体的教师和学生能够随时随地获得体育信息，当然这也为学校体育教师的教学提供了资料。

二、学校体育文化交流与传播的发展策略

（一）甄选恰当的学校体育文化交流与传播网络信息

当下学校体育文化交流与传播方式，与其他文化传播的方式相同，都发生了巨大的变化，单一的新闻传播或者体育专题报道时代一去不返。而现代主要是借助网络技术来增加大量的图片、文字、音频、视频、微博、微信号等让受众可以参与互动的传播媒介成为其发展的主要推动力。所以，要使学校体育文化在网络环境中得到有效的传播，推动学校体育文化的发展与进步，从根本上要使学生获取有效的体育文化资讯。这就需要学校有关部门了解学生对体育文化的关注点，对网络资讯进行合理恰当的甄别，对有益于学生体育文化素养发展的资讯进行推送或发布。学校可以通过借助一些网络媒介，如微博、微信等，对体育教师和学生的文化素养和网络知识进行加强，以发挥网络媒体的作用。学校有关部门还要加强其与学生的互动，促使其能够更好地在课堂内外了解相关体育文化活动，从而为体育文化的交流与传播创造更加便利的方式。

（二）创建有学校特色的体育文化交流与传播方式

学校可以根据本校的地理位置、体育文化传统、经济条件等具体问题来发展具有本校特色的体育文化交流与传播的方式。在交流与传播校园体育文化的过程中，要与本校的经济条件相结合，量力而行，选取一两种方式为主要的体育文化交流与传播的阵地，传播模式与网络形态结合，对其优点加以充分利用，从而使其具有便捷性和权威性。在学校体育文化的交流与传播中，可以以学校体育传统来引导其学校特色体育文化的创建，如利用学校传统赛事的举行，在学校权威性的宣传媒介与学生日常使用频率较高的活动网路媒介中融合宣传，使学生对赛事的积极性和兴趣得以进一步提升，还可以利用学校周边学生喜爱的体育活动设施，来增强学生对学

校体育文化活动的兴趣，如将体育商城、体育游戏等其他成分添加到体育文化交流与传播的互动中。总之，学校遵从以学生为本的理念，在运用各种传播媒介进行体育文化活动交流与宣传的同时，要建立本学校主要的、特色的、学生喜闻乐见的交流与宣传方式，来发布相关的信息或互动交流，以更好地帮助学生认识和理解学校体育文化，并为之做出自己的贡献。

（三）提高体育行为主体的体育文化素质

作为学校体育行为主体的体育教师和学生所表现出来的体育文化素质，是学校体育文化建设的一面镜子。要建设学校的体育文化环境，首要的是提高学生体育文化素质，要做到这一点，体育教师的体育文化素质必须过硬，因为体育教学毕竟还是培养和提高学生体育文化素质的主要方式之一。体育教师可以通过有针对性地开展体育文化素养相关课程，采用理论与实际相结合的方式来促进学校体育文化的传播与创新。除此之外，学校还可以通过邀请一些知名体育人士做体育讲座，将体育知识及其文化内涵传递给学生，从而进一步加深学生对体育文化的了解，增强其对体育活动的好奇与兴趣。通过充分利用各类媒介与他人进行分享，学生可以更好地提高自身的体育文化素质，从而促进学校体育文化的交流与传播。

三、学校体育文化交流与传播的现实作用

学校体育文化与其他人类文化相似，具有鲜明的时代性、社会性和动态性特性，相比较而言表现得更加明显细致。学校体育文化合理有效地交流与宣传有利于良好的体育文化环境的形成，可以使学生对体育活动产生兴趣，真正参与到体育运动中来，进而形成正确的体育文化意识，培养良好的体育锻炼习惯。学校体育文化是在国家教育部出台大力开展学校文化，构筑和谐校园的背景下提出的。学校体育文化作为学校文化的一个重要组成部分，做好学校体育文化的交流与传播，对构筑和谐校园有以下方面的作用。

（一）导向与激励作用

有效的学校体育文化交流与传播，对学校体育活动的行为主体有导向和激励作用。合理有效的体育文化交流方式，为教师和学生创造了一种体育文化氛围，为其参与体育活动、进行体育行为有导向作用。同时，合理有效的体育文化传播方式，在具体的学校体育传统和历史环境条件下，学

校体育文化能够将学生的体育欲望转化为具体的体育实践目标、体育追求、体育信念和体育行为准则，使学生形成体育活动的习惯，成为他们进行体育活动的精神支撑和动力，激励学生为提高自身体育素质在参与体育活动中努力。此外，学校体育文化的交流与传播中，总会有奖励体育运动优秀者的激励行为，这会形成一种精神动力，促使广大师生奋勇拼搏，推动其勇于创新，练就积极向上的心态。学校体育文化交流与传播的过程中，运动员克服自身局限、勇往直前的正能量精神，对师生在学习生活中的激励作用也是显著的。

学校体育文化不是存在于真空里，它有与社会文化包括外来文化交流与传播的优越条件。更为重要的是，学校教育的职能和学校体育文化主体中教育者主体较高的文化素质，决定了学校体育文化必然充分反映时代精神，带有鲜明的时代特征。学校体育文化总是伴随着社会和时代的主题演化着自己的主题和形态。因为学校具有独特的文化主体——学生、教师。教师们基础知识扎实，文化底蕴深厚，肩负着为人类塑造未来的使命；学生们心怀壮志，身系未来，代表着国家的未来和民族的希望。学校内生存着这样一群文化素质较高或呈上升趋势的思想敏锐、锐意创新的校园人，凸显出学校体育文化特质，可以说它是社会文化的感变器，学校体育行为主体是社会变化、文化创新的敏感器。实践证明，在现代社会思想创新大都以学校文化为导向，并且给予整个社会变革前进的激励力量。

（二）约束与凝聚作用

学校体育文化交流与传播中，自然少不了对学校体育制度的宣传。这些宣传涉及学校体育的规则、制度以及体育道德精神对规范学生的体育行为起到了约束作用。例如运动员因某事犯规这种反面事例对学校师生的警醒，或正面事例对学校师生的美德教育，都对学生的体育行为起到了约束作用。学校体育文化对参与体育运动的行为主体来说是一种无形的文化约束力量，而对其有效合理地交流与传播，会使某些信念、价值观在学生的心灵深处形成一种心理定式，构造出一种响应机制，只要出现外部诱导信号，就会得到积极的响应，并迅速转化为预期的行为，形成对教师与学生的某些行为的制约，以此可弥补学校其他规章制度的不足，促进校园和谐。

有效的学校体育文化的交流与传播可以形成一种心灵的黏合剂，形成巨大的向心力和凝聚力，因为它可以把性格、见解不同的体育行为主体团结在一起，使其具有共同的荣誉感、归属感和认同感。学校体育文化是经由师生、学校管理者和服务者组成的学校人共同创造和普遍认同的学校人自己的文化，最能贴近共同的生活和学习，通过对这种文化的交流与传播，就能够发挥学校体育文化强大的号召力和感召力，这种凝聚作用，是学校文化的其他组成部分很难做到的，这为构筑和谐校园做出了很大贡献。

（三）批判与示范作用

批判是一种精神，批判的核心是价值观。批判性是学校体育文化特有的"性格"。它是通过学校体育文化的自我筛选来实现的，是为保证学校体育文化形成、发展和保持自身性格的内在机制。学校体育文化的批判本性，使人类社会的历史文化及其传承过程，在一定程度上成为人类有意识的可控的文化发展过程。一方面，学校作为一种培养人才的特殊的社会组织机构，必然要提倡和灌输符合统治阶级意志的文化内容和形式，排斥和批判有悖于其阶级意志的文化内容和形式。也就是说，学校体育文化的自身建设，是在与批判甚至否定其异质文化的同时进行的，即"择其善者而从之，其不善者而改之"。另一方面，学校体育文化的批判性还表现在对那些与教育目的不十分吻合、影响学校体育文化主体健康发展的文化形式进行分析、比较、鉴别、选择。

批判需要在理清某种价值标准的前提下才能有序、有效地进行，而不同时代、不同国度、不同级类的学校，其学校体育文化价值批判的性质和标准是大不相同的。社会发展和青少年身心发展的需要是不容置疑的"客观存在标准"。批判性作为学校体育文化保持自身性格的内在要求，是学校体育文化教育性、示范性，以及其他有关属性得以存在并发挥功能的基础，一旦丧失批判选择的机制，学校体育文化就丧失了应有的个性和特有的光彩，其组织的群体影响力就会大大降低。随着人类实践领域的扩大和社会变革的加剧，当代社会中人类所创造的文化信息呈现激增加速态势，加之社会价值的多元化，使校园主体的价值观异彩纷呈和变动不居。学校体育文化在批判性方面面临着新的挑战，它不仅要适应新的时代，还要不断地进行价值标准上的平衡和协调。

学校体育文化的示范性体现在它对学校体育文化主体、社会文化系统和其他亚文化系统的三重示范性上。对于学校体育文化主体，学校体育文化呈现的是与时俱进的人类文化的优秀成果，从而为学校的优良文化塑造提供示范性；对于社会文化系统，学校体育文化呈现的是主流体育价值观所提倡的教育目标，从而为主流的意识形态摇旗呐喊；对于其他亚文化系统，学校体育文化呈现的是丰富多彩、层次多样的文化样式，从而为其他组织文化提供教育文化的个性示范和自主的消费选择。

学校体育文化的示范性，是以教育对文化的批判进而选择为基础并由它决定的。正是这种选择性，使学校体育文化在其发展过程中能够有意识地根据社会生活的需要，以居高临下之势，使历史的文化和现实的文化展现在学校体育文化主体各种相互关联的文化活动之中，展现在整个社会大文化系统的核心部位，以及那些直接或间接地与学校体育文化发生关联的亚文化系统面前，并且以潜移默化的方式感染教育每个有意无意地参与学校体育文化建设的主体。与此同时，学校体育文化能够及时地反映和总结最新的体育文化成果，并创造出合乎逻辑和实验程序的最新文化成果，包括物质成果、精神成果、制度成果，以及进行文化创造活动应当遵循的法则和规范。也正是这种示范性，使得学校体育文化较多地继承了人类文化中的优秀成果，而少与其中的糟粕有缘，从而对整个社会文化起着一种鲜明的示范和导航作用。

学校体育文化的批判性和示范性作用于学校与社会之间、学校与学校之间、学校体育文化主体之间、学校体育文化构成因素之间的体育文化活动交流与传播中。而且正是这种批判和示范的作用，在一定程度上推动了整体的学校体育文化的革新与发展。

第四章 体育教学与学校体育文化的融合

体育教学在一定程度上也是学校体育文化的重要组成部分之一。只有将体育教学与学校体育文化深入融合在一起,才能促进两者共同发展。体育教学与学校体育文化既各有方向又有融合发展,本章主要就两者的融合发展展开详细分析。

第一节 体育教学改革中的文化动力

一、体育教学改革中的文化动力方向

(一) 体育教学改革中的内向文化动力

内因是事物发展变化的根本原因。体育教学改革中的内向文化动力,具体是指学校体育教学活动中的参与主体体育教师文化和学生文化,以及教学活动中将教师和学生关联起来的体育文化。这些构成体育教学活动的因素,为体育教学的改革提供了根源性、本质性的文化动力。促进学校体育教学改革的动力源是内部文化矛盾,分别表现为体育教师与学生的矛盾,教学目标与教学实际的矛盾。这些矛盾之间相互作用,形成了体育教学改革中的内向文化动力。

1. 体育行为主体的内向文化动力

体育行为主体,即为体育教师与学生。在体育教学中,体育教师的主导性与学生自主性之间的矛盾,是学校体育教学改革的重要动力。在学校体育教学中,倡导学生充分发挥自主性,使学生在体育课堂占有主体地位,因此在参与体育学习的全过程中,学生要达到四方面的要求:积极参与体育活动;利用自己的体育知识与经验,认知体育新知识和新技能;将外界体育教育影响同化;能够主动吸收、改造、加工体育知识,优化和组

合新旧知识体系。在此基础上，学生可以有效发挥自己的想象力、变化能力以及创新能力等培养自己的创新性思维。这对学生的自主性提出了较高的要求，要做到能够独立自主地安排自身体育学习策略，尽可能地自我支配体育学习活动、自我调节与控制体育实践活动，在个性化学习方式和自主学习行为两方面得以体现。需要注意的是，学生学习的自主性，在实际操作中可能会被强化教师主导性的这一举措削弱。因为很多教师的教育观念并没有转变，其对体育教学仍旧抱有传统教学理念，在此理念指导下的教学活动会突出教师主导性，形成教师负责教、学生负责学、教师教学过程是对学生单项培养过程的局面。在传统教学过程中，课堂主宰者是教师，教学主体是教师，教学过程中的重点是统一性，学生的个体差异性被忽视。在教育改革的大前提下，师生间的核心矛盾不再是单方面的普通矛盾关系，这一矛盾是体育教学呈现出动态性特征，促使体育教学改革持续进行，成为体育教育改革的重要动力来源。

教师与学生之间教与学的矛盾，除了上述提到的还有一些。体育课具备其特定的学科体系，要将其教育功能充分发挥出来，只有在刻苦学习中才能掌握众多技术动作，所以体育课带给学生的是痛苦和快乐。理想的体育课是深受学生喜爱的，在体育运动中能够体验乐趣，能够充分满足学生的运动需求。但现实中，能够积极参与到体育活动的学生较为有限，学生抱怨体育课无聊的声音经常出现。教育学中提到的要求教师灵活运用多种教学方法，广泛存在于体育教学中，但不管教师运用哪一种教学方法，都有可能会有一些学生对一些体育课程接受吃力。尽管教师难以调和此类矛盾，但此类矛盾的积极影响是推动了体育教育的改革。

2. 体育教学活动的内向文化动力

在体育教学过程中，体育教学目标既是出发点又是目的地。体育教学目标是学校体育教学设计环节的核心，其他方面的设定均需围绕其展开。体育教师是体育教学目标的制定者，在制定体育教学目标时要注意具体体现其两方面的作用：一是体育教学目标决定着体育教学的方向，二是体育教学目标指导着具体教学过程和活动的方向。另外，在设定体育教学目标时，要注重其重要特征，即灵活性和实用性。在保障当前技术手段和体育教学资源充分被利用的同时，还要与学生身心发展相结合，通过定性测评或者定量测评来及时调整体育教学目标。

在开展体育教学的过程中，体育教学目标与体育教学实际在某些方面是不能达到统一的，如教学评价与教学目标的契合度不够。教学评价确切化在体育教学中极为必要，然而要在各项具体化的体育教学目标中一一落实,却无法实际做到,这使体育教学评价过程出现较大困难。如体育道德素质评价就不存在统一的标准,而且道德素质评价也无从下手。由此产生的体育教学目标和教学评价两者间的矛盾无法调和。体育教学目标和教学实际(如教学评价)两者间的矛盾向体育教学改革提出的要求是持续探寻一种平衡过程中的向前发展方式。

(二) 体育教学改革中的外向文化动力

外因是事物发展变化的推动力。体育教学改革中的外向动力是物质文化、制度文化和精神文化的提升。我国高速发展的物质文化、制度文化和精神文化推动了体育教学的发展,实现了一定的体育教学的创新与发展。身处网络信息时代,体育教师可以充分利用网络资源,开展视频音频等多媒体课件教学,更加高效生动地开展体育教学活动。

1. 主要外向文化动力及相互作用

体育教学改革的主要外向文化动力指物质文化动力、制度文化动力和精神文化动力。物质文化是制度文化的基础,制度文化是更深层次的文化。国家提出的体育教学改革,就是制度文化方面的改革,是以物质文化发展为前提的。制度文化的发展改进是为了满足人们两方面的基本需求:一是社会活动中产生的合理处理人与人之间关系的需求;二是社会活动中产生的合理处理人与群体之间关系的需求。精神文化是在人们最基本的需求被满足后,超越基本需要而产生新的需求,与文化层面的其他文化相比,内在性、超越性、创造性是精神文化最能体现的。

物质文化、制度文化、精神文化三者相互作用于体育教学的改革。但是三者给予体育课程改革的影响又有不同之处。

美国著名社会心理学家马斯洛的需求层次理论认为,当人们处于较低层次的需求时,高层次需求也会随之产生,高层次需求来源于低层次需求。所以物质文化、制度文化、精神文化三者之间,无论是属于高层次需求还是属于低层次需求,其关系是相互联系、不可分割的。精神文化取决于物质文化和制度文化,同时精神文化对物质文化和制度文化具有反作用,这是长久以来形成的人们的共识。事实上,精神文化会落后于物质文化与制度文化,三者发展的不平衡性是特点之一。由在改革开放带来了我国社会物质文明的高速发展,这要求制度文化和精神文化跟上步伐;另一方面改革中将西方汲取精神文化的"先进性"置于"先一步"的位置,又存在与我国物质文化和制度文化不相匹配的境地,这些矛盾之处致使我国教育理论脱离教育实践,最终深度激化了我国教育在物质文化、制度文化、精神文化三方面的众多矛盾，也促使了学校体育教学的改革。在学校的体育教学改革中，具体问题具体分析。三种文化究竟以哪一种文化改革为重点，以点带面，协同改革，这需要具体学校具体分析自己的问题，做出决策。

2. 外向文化动力内化为内向文化动力

事物的内部因素与外部因素互相作用，相互转化，促进了事物的发展变化。体育教育改革的文化动力是由体育教育的内向文化因素与外向文化因素等多种相关的文化因素之间的众多矛盾，共同作用而形成的。体育课程改革的文化动力由动态平衡到内化为内向动力，经过是复杂的。

由上述可知，多种文化因素共同组成了体育教学的文化动力，当其被多项作用力共同作用，出现动态平衡状态时，体育教学就可以实现稳定发展；当出现"震荡"状态，就要求展开适当调整，即体育教学改革就必须进行。然而体育教育改革想要一蹴而就也是不现实的，它必定是一个持续发生的过程，需要伴随在各种文化动力的发展变化而持续适应与调整。

体育教学改革的文化动力源头是多种文化动力因素间矛盾的相互作用。当内向文化矛盾与外向文化矛盾处于互相作用的情况下，而体育教学被不对称的信息流打破平衡，不能正常交流时，体育教学改革才能汲取动力顺利进行。分析体育教学内向文化和体育教学改革的关系可知，前者产生的矛盾是后者的主要矛盾，是主要动力；后者是次要矛盾，次要动力。但是要促成一件事物的发展变化，既要抓住主要矛盾，又不能忽视次要矛盾。体育教学改革具有复杂性，在统筹全局抓住重点关注内向动力的同时，也不能放松对外向动力的关注。

体育教学活动，为体育教学改革中各外向文化动力提供了舞台，是其内化为内向动力的主要方式，对体育教学改革的成功与否发挥着重要作用。体育教学外向文化动力内化为内向动力的持续作用，伴随着体育教学改革进程持续进行。

二、体育教学改革文化动力因素分析

体育教学改革的文化动力因素，主要来自内向文化动力因素和外向文化动力因素两个方面。

（一）内向文化动力因素分析

学校体育教学改革内向文化动力因素主要包括体育教学活动中的体育

行为主体即体育教师和学生、体育教学目标、体育教学内容、体育教学方法、体育教学评价。

1. 体育教师

教师不仅传道授业解惑，同时还担负着思想道德的教育者这一职责，体育教师能在很大程度上推动学生身心健康成长。作为学校体育文化主体之一的体育教师在教学中的作用：一是根据实际情况来设计体育教学，二是向学生传授相关的体育知识与经验，三是组织各项与体育教学相关的活动，四是对学生的体育学习活动产生引导作用。

优秀体育教师具备扎实丰富的基础性知识，属于基础性知识的主要内容包括政治理论、政治时事、政策知识、人文社会科学知识、生物学相关知识。对这些知识的合理应用是体育教师高效完成教学工作的基础性条件。

在具体体育教学过程中，体育的地位、本质功能、一般规律、一般特性、教学目的、教学任务、教学规律、教学特点、教学原则、教学方法等都属于体育教师需要首先掌握的。除基础性知识以外，体育教师教学能力的突出表现还体现在其专业知识和专业技能方面，体育教师还需熟练掌握与运用各运动项目的基本理论、动作技术、动作战术、规则、裁判方法、教学与训练原理、教学与训练方法等。

体育教师在体育教学实践中，不同学生心理素质差异性很大，要通过自己掌握的与体育教学相关的原理和方法充分结合学生心理特征，灵活运用多中教育方法与教学技巧，高效传递理论知识与体育技能，进而使学生的综合素质得到本质提高。体育教师需要拥有素质教育的教育思想与观念，还必须不断更新自身的教学观、人才观、学生观以及教育质量观。只有这样，教师才能更好地服务于体育教学，促进体育教学改革。伴随社会的进步发展，对人的综合素质提出了越来越高的要求。体育教师要想更好地服务于体育教学，不仅要掌握必需的专业知识，还需积极掌握和体育相关的知识，如体育管理学、体育人类学等，只有持续拓宽知识面、丰富知识结构，才能不被体育教学改革淘汰。也就是说，优秀的体育教师，不仅具备扎实的文化知识与高超的体育技能，而且具备较高的个人素质和崇高道德品质。具体表现在这三个方面。一是热爱学生，公平对待每个学生，因材施教，促进学生全面发展，二是严于律己，以身作则，保持为人师表的自律性，在细枝末节处给学生以积极影响，三是爱岗敬业，有乐于奉献精神。拥有这些优良品德的体育教师是体育教学改革的参与者、直接推动者、是关键的内向文化动力因素。

2. 学生

作为学校体育文化主体之一的学生，在体育教学活动的全过程中占据着关键地位，是教学活动的对象。在深化体育教学改革的过程中，在教学对象，即学生方面出现了以下特点。

一是学生的成长需要体育教学保持进步性。在体育教学过程中不难发现，学生的身心特点有显著的差异性，发展高度参差不齐，逐渐形成或已经形成自身思想意识和独立人格。在此情况下，如果体育教学课程适当、教学方法合理，学生就能够将自身积极性发挥出来，自主参与体育教学活动接受塑造和教师协同完成特定教学任务。然而上述的"如果"在体育教学课堂通常很难实现，学生自身的各种特性增加了体育教学的难度，但是也正是由于学生在体育教学活动中表现出来的成长所需的体育教学要保持的进步性，推动了体育教学不断改革，进而使学生持续变化的需求得到更好的满足。

二是教育的目的需要学生保持超越性。教育极为重要的目的是培养与激发学生的潜能超越自我。而学生要求对自我的不断超越就成了体育教学改革的最大动力。由此可知，学生对自我超越的需求是体育课程改革的关键性依据，如当学生掌握体育教学标准要求的目标之后，将不再满足标准，而渴望更高更快更强。学生不仅是体育教学改革的重要参与者，还是体育教学改革的参与主体之一，也是体育教学改革一个重要内向文化动力因素。

3. 学校体育教学目标

学校体育教学目标是在学生实际参与的、和体育内容相关的教学情景中，对最终学习成果的预期标准。学校体育教学目标的制定者是体育教师，是开展具体体育教学活动的重要依据，具有灵活性与实用性的特征。针对具体的教学过程和教学活动，体育教学目标既是体育教学活动的依据又是标准，而且对体育教学活动的开展还具有导向激励的功能。

体育教学内容丰富多样，有常见的体育运动项目，也有与体育保健有关系的知识与技能。正确合理的体育教学目标极为重要，它表现在以下几个方面：一是为体育教师面对特定教学内容选择适当教学方式提供依据，二是界定教学内容，三是针对教学内容提供导向，四是为教学内容提供有价值测评。体育教学目标影响与制约教学内容和教学活动的一些原则。在具体实践中，体育教学内容结构形式、体育教学组织形式、体育教学具体实施均会受到体育教学目标的影响与制约。如教学活动组织的严谨程度与方法会因为体育教学目标的高低程度不同存在很大的差异性。体育教学目标是体育教学评价的基础性标准。体育教学目标是评价体育教学价值与效果的关键依据，体育教学管理部门通过系统性、客观性评价体育教学的结果，能够得到有效数据与结论，体育教学管理部门可参照具体评价，对体育教学指标展开调整，推动教学水平进步和学生之间的适配性，从而推动体育教学改革。

在具体的体育教学活动开展中，学校体育教学目标有导向激励功能。首先，体育教学目标在体育教学活动中具有指明方向的作用，但是其设定必须要与时代同进步。社会在迅速发展，时代的要求有时会领先于课程和教学目标，体育课程实际发展情况和课程与教学目标之间的矛盾也必然存在，要解决这一矛盾体育教学改革也必须逐步深入。其次，体育教学目标在体育教学活动中有激励功能，虽然并非每个学生均能达到设定的体育课程教学目标，但是目标在，就有学生刻苦努力，超越自我。一方面，体育教学目标能鼓舞学生不断超越自我；另一方面，体育教学目标能不断推动体育教学改革的进程。

4. 学校体育教学内容

学校体育教学内容是指教育者参照教学的系列要求，多角度总结前人在体育与教育方面的经验，遵循教育原则，在多项体育技能理论中挑选来的体育知识和技能。选择教学内容时遵循将实现体育教学目标作为最终目的，将体育教学活动的学生作为分析对象的原则。因为体育教学内容对教师和学生来说是两者间交流的媒介，对两者间的信息交流，教学的效果与质量起着关键性的作用。总体来看教学内容的合适与否，对体育教学改革有重要影响。具体来说，能否合理制定教学内容有以下几点参照。

一是形式教育与实质教育指导下的内容选择。体育教学应将培养学生多项能力摆在重要位置，同时努力发挥学生的主观能动性，不应当只注重学生单项技能与知识的学习，这是形式教育的方式。以形式教育的观点来决定教学内容就是指，在"心灵官能训练属于体育教育的重要任务，向学生灌输知识属于体育教育的次要任务，心灵官（能）训练能够发展学生的官能或能力"的原则下，决定教学内容。对比来看，实质教育的观点是：将教材与课程的知识传承与文化价值摆在重要位置，教育的重要任务是让学生掌握相关知识，将高效训练学生各器官功能设定为关键任务。以此为依据，在实质教育的观点指导下，教学内容的制定自然与前者有很大的不同。

体育教学的教学内容在形式教育与实质教育上存在很多差异性，然而形式教育与实质教育相互竞争、有形成互补关系不可替代，共同推动了体育教学改革的深化。

二是科学主义与人文主义指导下的内容选择。体育教学的主要内容是自然科学知识，身体锻炼是参与体育课的唯一价值，数据是衡量身体锻炼的唯一标准，这是科学主义教育的观点。科学主义指导下，体育教学内容的展开过度重视"科学"，忽视了学生心理在体育教学中的位置，有一定不足。人文主义教育的观点则是：将培养学生情感、态度、价值观视为教学过程的重要环节，把培养"完整的人"、"自我实现的人"放在首位。在此观点指导下的教学内容缺点是，与前者相比可能导致学生身体素质、运动技能、运动技术稍弱。

不可否认，科学主义和人文主义的持续争论与竞争，深化了体育教学改革。

5. 学校体育教学方法

体育教学方法是指体育教学活动中教师教与学生学的多个方式、途径和手段等方面的总和，也是体育教师和学生两者间行为关系总和。体育教师灵活运用多种方法，师生间密切配合，是教学活动顺利进行的保障，单方面运用教法或学法都是不可取的。

学校体育教学方法的选取与运用离不开教学目的与教学实践的参照。任何学科的教学方法，均需将教学目的作为出发点。体育教学进行分析，教学方法数量众多，体育教学方法得到应用的重要原因是要达到体育教学目的。要使教学方法得到本质创新与丰富，就要密切联系教学实践。时代的发展与进步，使社会形态、各项技术以及教学理念等均得到了持续改善，随之教学方法在不断创新的道路上越走越快。这些因素都成了促进体育教学改革的直接内向动力因素。

科学技术的发展与改革对体育教学方法的发展与改革产生了巨大影响。运用计算机系统，师生立足于不同侧面、不同速度、不同部位的动作分析和研究成为现实，大幅度提升了教学质量，这一背景下很多崭新的体育教学方法相应产生。计算机科学被广泛普及于体育教学中，促使越发标准和科学的动作示范出现，搜集与整合相关资料更加便捷，学生学习的空间与时间限制被弱化，实时性信息沟通变成可能。为紧跟社会发展节奏，充分满足学生体育需求，体育教学内容一直处在发展与变革中，体育教学方法由此产生。当前，体育教学中课堂教学有一定延伸，大量加入定向运动与野外生存两方面的内容，因此体育教学活动的野外组织与教学方法的开发范围也更加广泛。

在体育教学改革中，体育教学方法的影响比较隐形，但也不容忽视，只有充分借助教学目标或者教学内容，体育教学方法的影响才能得到有效发挥。

6. 学校体育教学评价

教学评价是对教学目标达成程度较为精确的确定，是对教学效果和教学质量的测评。教学评价的变化是引起体育教学改革的因素之一。体育教学评价的变化包括以下三个方面。

第一方面是教育质量观之间的对立。观点一：体育教学只有在知识储备足够的前提下，学生才能获得新知识或者构建知识体系，体育教学评价以学生掌握的学科知识为基准。观点二：教学评价要依照每个学生的认识、情感、兴趣、意志、品质等方面的实际情况来展开，把学生视为在特定阶段自我实现的人。体育教学评价模式受不同教学质量观的制约和影响，而不同的教学质量观相互协调，使体育教学改革不断推进。

第二方面是个人本位和社会本位之间的冲突。个人本位思想是：要将学生个体的发展需求放在重要位置，训练目的是使学生实现自我，不是使学生成为社会工具。社会本位思想的观点是：服务社会是教学目的，应当以社会需要为依据对学生进行改造。个人本位思想和社会本位思想间的竞争从未间断，体育课程评价常常在这两者间摇摆偏移，这在一定程度上为体育教学改革提出了要求。

第三方面是教学规律和社会发展之间的矛盾。体育教学具备其特定规律，对体育学科规律的重视，引发了教学规律和社会发展间的矛盾，例如有时会使对学生、社会以及职业的有益知识技能被排除在体育课程体系外。在我国，由于对西方先进教学理念的学习，使体育教育理念领先于实际国情，如此，教育规律和我国社会实际发展情况两者间的矛盾越发显著。教育规律和社会发展间的矛盾，使我国体育教学评价体系处于不明晰的状态。

以上提到的对立、冲突、矛盾致使体育教学评价处在变化之中，体育教学的其他方面也会随之发生变化。由此可知，在体育教学改革中，体育教学评价也在关键性因素之列。

（二）外向文化动力因素分析

体育教学改革的外向文化动力因素主要包括社会文化、教育文化、体育文化，这三者分别对体育教学改革有不同的外在影响。

1. 社会文化

社会文化是由社会各个领域和多个层面共同构成的。整体社会文化对某一领域某一层面的文化有促进或者阻碍作用，这也促使某一领域或者某一层面的改革和进步。教育和社会的关系密不可分，学校体育文化在一定角度来看，是社会文化的一个领域一个层面。对于整个社会的文化传承来说，教育属于关键性手段，学校体育文化不可或缺。我国社会文化的重要内容是群体价值，而如今体育教学倡导重视学生个性的发展。由此，如何使学生个性得到充分发展而又符合社会文化的要求，为体育教学改革提出了要求。

2. 教育文化

我国教育文化的显著特点是民族性。中国传统教育观最重要的一点是由"科举制"历程中传递而来的，它认为获取政治地位是学习的目标，体育教学对这一目标无任何意义。改革开放到今天，外来文化在我国教育文化中发挥着作用，中国体育教学受到了不同外来文化的强烈冲击，教育文化主张重视人的发展。当前在教育文化的观念中，爱国主义教育、集体主义教育、社会主义教育占有重要地位，这是我国教育的根本立足点。但是体育教学中保有传统教育的影子，重视以传统的教学方法，传授知识技能，而忽视了学生的个性发展，这一矛盾推动了体育教学改革。

3. 体育文化

在欧洲体育诞生的萌芽时期，欧洲各国的学校就出现了各种形式的体育运动，体育运动诞生之后，成为世界各国学校不可缺少的教育内容。体育文化是在体育教学过程中产生的，而体育运动是在体育教学文化指导下由游戏和竞技活动演变而来的一种身体运动方式。体育运动之所以能够广泛传播其根本原因在于其本身的价值使然，体育的教育价值寓于体育运动之中。体育文化受教育文化和社会文化的影响，伴随其一起进步发展，正如教育文化受西方现代教育观念的影响程度不同，体育文化表现出其特点。东西部经济发展不平衡，造成东部地区的西方现代体育文化发展迅猛，而广大西部地区中国传统体育文化依然存在。这一问题造成传统体育文化和现代多元体育文化并立的现象，这对体育教学改革的平衡性、特色型进程有推动作用。

三、体育教学改革中的文化动力的特性

体育教学改革中各个文化动力之间表现出的动力,既有其个性又有其相互作用的特性。具体来说就是:动态突变性、方向层次性、协同差异性。

(一) 动态突变性

社会不断向前,社会文化、教育文化不断向前发展,所以体育教学始终处发展变化之中,使体育教学改革的文化动力拥有动态性特征。不同文化因素在动态的彼此作用和彼此影响下,使得体育教学改革也持续向前。

文化动力的突变性是在文化动力的动态性基础上实现的。文化动力由动态量变达到质变,发生突变。体育教学改革的文化动力的重要反映是体育课程内部体系,人们难以察觉、关系复杂的突变现象所呈现出的"突变性"。在体育教学的实践活动中,当这些促成体育教学改革的文化动力被我们注意到时,突变已经处于完成状态。

(二) 方向层次性

文化特有的性质,决定了体育教学改革的文化动力具有方向性特征。方向性是开展体育教学改革的指导性依据。例如满足学生自我超越的需求是当下的重要目标,所以体育教学改革会围绕其展开。层次性特征是指,存在于体育教学改革中的动力方向的作用不同,包含内向动力与外向动力两种,其中内向动力为主要动力,外向动力为次要动力。另外,体育教学改革过程中不同文化均会呈现出层次性特征,表现出其对改革的不同作用力。

(三) 协同差异性

不同文化动力因素间相互协调,致力于推动体育教学改革的发展,这就是各文化动力因素间的协同性特征,它广泛存在于各项文化动力因素中。内向文化动力或者外向文化动力内部,各个要素既相互竞争又相互合作的精神会被不同文化因素在学校体育教学的改革中表现出来。各文化动力对体育教学改革的影响各不相同,这是文化动力因素差异性表现。文化动力因素会根据时期和领域的不同,而出现很大差异性,如体育教学目标的设定受社会文化的影响,在大力发展竞技体育的阶段,体育教学的竞技化特征明显。

第二节 体育教学与学校体育文化的关系

一、体育教学

(一) 体育教学的界定

体育教学的界定分为两层。一层是身体方面的。体育教学是一种教学活动,是指体育教师在教学过程中以体育教材为媒介,指导学生学习和掌握体育知识、体育技术、体育技能等,同时使学生养成良好的体育锻炼习惯。形成全面健康的身心状态。另一层是心理方面的。体育教学属于学校体育文化的基础形式。教师和学生是体育教学实践活动的主要参与者,教师除了有效传递给学生体育知识、体育技术以及体育技能等身体要接受的教育之外,更要注意培养其养成良好的意志品质和良好的心理状态。总之,体育教学在身体和心理两个方面都对参与主体,即教师和学生提出了要求。

(二) 体育教学的要素

1. 体育教学的主体要素

体育教学的参与主体是体育教师与学生。体育教师在体育教学中有导向作用,在具体的实践教学中运用教师的功能进行教学。如制订教学计划,组织教学活动,传授体育知识和技能,管理教学设施,监督学生训练或者在教学过程中及时调节教学目标。所以教师对待工作的状态、教师的综合业务水平以及实际组织能力等因素,直接影响体育教学质量。学生是体育教师教学过程施教的对象,而且在体育教学过程中占有主体地位。在体育教学实践过程中,学生要达到学习效果,就要主动接受教师传授的知识与技能,充分发挥自身主观能动性,来调动自身智力因素与非智力因素高效完成教师布置的教学任务,这样学习效果才能得到本质提高。学生群体存在个性差异,所以在体育教学过程中,不单单要求体育教师要因材施教还要求学生要发挥自己的主观能动性,师生共同努力才能高质量完成体育教学任务。

2. 体育教学的非主体要素

体育教学的非主体要素中，体育教学目标、体育教学内容、体育教学方法、体育教学评价等能够体现社会和教育向体育教学提出的要求，对学生培养应该达到的程度。这些要素围绕体育教学主体展开，并且充当着教师教与学生学的纽带，对学校体育教学的开展具有导向作用。

另外，体育教学设施作为体育教学的媒介，也是体育教学的非主体要素之一。高效提升体育教学质量的重要影响因素是媒介条件的好坏。在特定时间和空间内，将体育教学信息通过媒介，如教材、场地器材、环境设备等高效传递并且实践的过程就是体育教学。教学方法是指根据体育教学目标使学生和物质媒介有效串联，调控体育教学，达到教学目的的行为方式。实用性、安全性、抗干扰性、有针对性是体育教学媒介必备特征。分析体育教学实践可知，动态结合和变化多样是体育教学主体要素和非主体要素的重要特征，这就要求体育教师发挥其导向作用，及时调节体育教学的步调。体育教师自身要对教学技巧深入学习和纯熟运用，以此来调动学生的主观能动性，调控好体育教学的非主体要素，尽全力高效完成体育教学的任务。

（三）体育教学的方向

1. 以满足人体发育规律的要求为方向

在"以人为本"的教育理念下就确定了：体育教学是以人体的发育规律为方向的。体育教学的主体中学生是受教育方，体育教学按人体发展规律来培养其体育素质有至关重要的影响。有研究表明，我国国民多项素质发展的最高值主要在学生阶段，其中大学时期尤为集中。所以大学体育教学要设定科学性强、系统性强的体育教学计划，来满足大学生的各项身体素质发展的要求。大学阶段的体育教学能够对学生培养良好的体育锻炼习惯和身心意志产生深远影响。

2. 以培养学生参与体育运动的兴趣与能力为方向

体育教学要以学生参与体育运动的兴趣与能力为方向，吸引学生注意力，激发学生体育运动兴趣，从而提高体育教学效果。体育教师要把学生生理特点、心理特点以及智力特点作为参考依据，有机结合体育运动的趣味性、目的性以及对抗性，采用循序渐进的方式使学生掌握相关知识，在兴趣中获取各项能力。另外，教师要培养学生体育运动欣赏能力和体育运动参与能力，促使体育运动成为学生终身兴趣，以获得身心健康发展的途径。

3. 以促进学生综合素质的全面发展为方向

体育教学要同时培养学生德智体美全面的综合素质。首先，体育方面，要学生在体育运动中获得运动专业知识与技能的发展。其次，在德育方面，一些运动项目要求学生战胜身心两方面的困难，是对学生意志力的锻炼。学生要以道德规范与道德准则为第一位，通过自身努力实现目标。再次，在智育方面，体育运动项目中有些对体育运动者的判断分析能力、思维想象能力提出了较高要求，致力于充分开发学生的智力。最后，美育方面，体育教学的方方面面要使学生美的感受能力、鉴赏能力、表现能力、创造能力得以熏陶。由此，在制订教学目标时，要以促进学生的综合素质的全面发展为方向，合理设置体育教学内容。

二、学校体育文化

要探究体育教学与学校体育文化的关系，就要先明晰体育教学和学校体育文化的概念问题。上一部分已经界定了体育教学的含义，这一部分探明学校体育文化的含义。由于学校体育文化涉及诸多文化要素，这里对文化、体育、学校文化以及体育文化进行了剖析。

（一）文化

关于文化，古今中外的学者都给出了不同的定义。在学术界，文化是集传统与现代于一体的词语，但与文化相关的论著相当多，各学者都从不同方面给予了不同的文化涵义。对于文化的定义，国家、年代、学科、个体四者中任何一项不同，都会得出不同的结果。针对"文化"概念的定义，最为经典的是英国文化人类学家爱德华·泰勒界定的，他首次指出构成文化的各因素是具有错综复杂的关系，即"从广义的人种论的意义上说，文化或文明是一个复杂的整体，它包括知识、信仰、艺术、道德、法律、风俗以及作为社会成员的人所具有的其他一切能力和习惯"。要想让学校体育文化的结构更明确，需要探究文化的根本涵义。

"文"的本意是各色交错的纹理，后引申为包括语言文字在内的各种象征符号，进而具体化为文物典籍、礼乐制度，具有修饰、修养、人为加工等含义，以及美、善、德行之意。"化"的本意是发生、变化、造化。狭义的文化，主要是指人类社会意识形态及与之相适应的制度和设施；广义的文化，是指人类所创造的物质和精神财富的总和。由此，文化包括物质、精神、语言、社会组织等方面。文化是人类活动的模式以及给予这些模式重要性的符号化结构。

在网络信息化的今天，文化大繁荣、大发展，社会各个领域都在探寻自身文化建设，学校也在积极地构建能代表自身价值的优势文化，学校体育文化是其较为关注的一点。

（二）体育

体育是伴随人类社会的发展而逐步建立和发展起来的一个专门的科学领域。它是人类社会发展中，根据生产和生活的需要，遵循人体身心的发展规律，以身体练习为基本手段，达到增强体质，提高运动技术水平，进行思想品德教育，丰富社会文化生活而进行的一种有目的、有意识、有组织的社会活动。体育的概念有广义和狭义之分，狭义的体育概念也称体育教育，是一个发展身体，增强体质，传授锻炼身体的知识、技能，培养道德和意志品质的教育过程，是对人体进行培育和塑造的过程，是教育的重要组成部分，是培养全面发展的人的一个重要方面。而广义的体育概念也称体育运动，是指以身体练习为基本手段，以增强人的体质，促进人的全面发展，丰富社会文化生活和促进精神文明为目的的一种有意识、有组织的社会活动。它是社会总体文化的一部分，其发展受一定社会的物质、精神和制度的制约，并为一定社会的物质、精神和制度服务。

（三）体育文化

《体育名词术语》于1974年在内蒙古教育出版社出版，书中给体育文化下的定义是：体育文化是指"广义文化的一个组成部分，它综合各种利用身体文化锻炼来提高人的生物学和精神潜力的范畴、规律、制度和物质设施"。学者杨文轩在《体育原理》中认为"体育文化是在增进健康、提高人们生活质量的过程中创造和形成的一切物质的和精神的财富，包括与之相适应的社会组织及其规范体育活动的各种思想、制度、伦理道德、审美观念，还包含为达成体育目标的各种改革措施以及相应成果"。从古至今，体育文化的概念一直没有得以统一，因此探明体育文化的涵义十分必要。

体育文化可指体育运动某一方面的文明因素，也可指体育运动本身所蕴含的、围绕体育运动所形成的一切物质文明与精神文明的总和，指人类在体育历史发展过程中所创造的物质财富和精神财富的总和。体育文化的主体是人类，是人类特有的社会文化现象和文明成果，包括与之相适应的社会组织及规范体育活动的各种思想、制度、伦理道德、审美观念，还包括为达成目标而进行的各种改革举措以及相应的成果。

首先，从狭义的文化概念来理解体育文化。狭义体育文化说把体育文化限定在体育精神现象或与体育活动相关的社会意识形态以及与之相应的制度和组织机构等范畴之内。狭义体育文化论者主张把体育文化的概念的外延限定在精神领域，认为体育文化就是指以身体的活动为基本形式，以身体的竞争为特殊手段，以身体的完善为主要目标的体育活动过程中人的精神生活的有关方面。

其次，从物质与精神的二元关系来理解体育文化。《辞海》中文化的定义是"广义指人类在社会实践过程中所获得的物质、精神的生产能力和创造的物质、精神财富的总和"。秉持这一观点的学者认为，体育文化是有关体育运动的物质文明和精神文明的总和，是人们在社会中通过长期的体育实践所创造的物质财富与精神财富的总和。

再次，从文化结构主义来定义理解文化。关于文化结构，理论界存在诸多提法。如物质文化与精神文化两分说；物质文化、制度文化、精神文化三层说；物质、制度、行为、心态四层说；物质、社会关系、精神、艺术、语言符号、风俗习惯六大子系统说等。这些不同的文化结构主义定义下的体育文化多有不同，但是其内核是大同小异的。

最后，总结不同角度理解的体育文化可以得出：体育文化的主体是人类，是人类特有的社会文化现象和文明成果，泛指人类在体育历史发展过程中所创造的物质财富和精神财富的总和。

体育文化是和人类体育运动相关的物质、制度、精神、行为文化。文化是体育文化的上位概念，在人类文化的多个组成部分中，体育文化是文化的分支之一，是社会文化的亚文化。立足于文化学与社会学角度进行分析，相比于体育运动的开展，建设体育文化显得更加关键，建设体育文化可以推动人类向着全面、自由、和谐的方向不断前进，使得个体性格和社会性格尽可能达到统一。因此，体育文化是指将提高身心素质、寻找健康生活方式为目的的体育运动，以及由体育运动产生的物质与精神财富的总和。精神财富主要是指体育运动在思想意识和价值取向方面产生的作用。

（四）学校文化

文化的涵义丰富，各个领域的学者们立足于不同角度看文化，自然其文化观各有不同，以不同文化观的视角看学校文化自然也各有不同。

当下，从多个角度、多个侧面、多个层次来看有几种主要的"学校文化"的观点。

"文化氛围说"是指学校文化是众多群体文化中的一种，学校中具备学生特征的精神环境与文化氛围，是学生在教学管理和教学全过程中逐步形成的文化氛围与传统。"社区说"是运用社会学理论的人对学校文化进行的解说。他们认为，从分类的角度进行分析，社区文化包括学校文化。学校文化是社会文化大背景下，特色鲜明的亚文化形态，是生活在学校社区的每位成员共同拥有的学校价值观，以及学校价值观在物质形态和意识形态两方面的具体化。"补充说"是指学校文化是对学校第一课堂的深入完善，以学生的兴趣与条件为参照依据，对学校课堂教学的缺陷加以补充，对学生的才能与爱好产生积极影响。"体现说"是指学校文化是对学校精神、学校传统、学校作风、学校理想四个方面的整体体现。

以上这些看法的共同特点是立足于某一角度或方面来界定学校文化某些方面的内涵，加深了人们对学校文化的认知。关于学校文化的概念还有很多，如综合说、启蒙说、精英说、二课堂说等。但综合以上论述，对学校文化的涵义还是存在一些盲区，忽视了一些方面。一是忽视学校文化的特色价值与教育价值，陷入学校文化与社会其他文化相同的误区；二是忽视教师、职工等其他人员的具体作用，把研究学校文化的角度仅仅定位在学生群体上；三是忽视学校文化与其他文化一样的完整性，陷入学校文化就是纯精神文化或者就是娱乐文化的误区；四是忽视了对学校文化和学校主体的互动性，分离地看待两者。

综合来看，学校文化是指：处在教书育人的学校环境中，发挥学生的主体地位及教师的主导作用，将目标设定为推动学生成长、提升学生总体文化和审美的水平，动员学校所有师生员工在教学、科研、管理、生产、生活、娱乐等领域的相互作用中，共建特色校园、对学校生活主体追求的物质、制度、精神、行为等成果的总和。载体是物质、形式是制度与行为、内部核心是精神，四者共同构建成特殊文化形态，即学校文化。简言之，学校文化是一种特定生活方式，是指教师、学生、员工进行学习、工作和生活的一种精神氛围与物质环境。

教师、学生以及员工均在学校文化中生活，同时也扮演着学校文化的建造者和变革者，但是也在被学校文化自觉或者不自觉地陶冶、引导与塑造，最后教师、学生以及员工的行为习惯、精神追求以及生活方式逐渐确定和形成。

综合以上关于文化、体育、体育文化、学校文化的阐释，可以将学校体育文化归纳为主体、客体两个方面。学校体育文化的主体是学校师生、学校管理人员、学校后勤人员、其他人员等建设学校体育文化的参与者；学校体育文化的客体是社会环境、校园环境、体育环境等影响学生成长的客观环境。学校体育文化是指在主体之间、主体与客体之间相互作用下所表现或者产生的能提高身心素质、寻找健康生活方式的体育运动,以及由体育运动产生的物质与精神财富的总和。精神财富主要是指体育运动在思想意识和价值取向方面产生的作用。

三、体育教学与学校体育文化的关系

(一)体育教学是学校体育文化的黏合剂

学校体育文化的组成部分包括学校体育行为主体文化、学校体育物质文化、学校体育精神文化、学校体育制度文化等。所有这些文化要相互作用,相互影响产生互动,大都需要以与体育教学为方式来发生,由此来看体育教学是学校体育文化的黏合剂。

(二)体育教学是学校体育文化的基础

任何文化都需要特定群众基础,形成学校体育文化同样需要学校体育行为主体学生和体育教师作为主要的群众基础。要建设学校体育文化环境将体育教学作为基础是非常必要的。从另一个方面来说,体育教学更多的是学校体育行为主体的相互作用,是体育教师的教与学生的学之间的互动性,也是体育教学的主要方式和组成部分。

(三)体育教学促进学校体育文化的发展

培养学生体育精神、体育意识、体育技能,使学生的体育文化素养得到本质提升,全面推动学生身心健康发展,是学校体育文化的主要思想和目标。在体育教学过程中,开展丰富多彩的学校体育文化活动,能够推动学生身心全面发展,使学生的体育素养得到本质提升,形成健康的人格品质,促进学校体育文化整体的发展。体育教学对学生心理素质文化、体育精神文化的培养、人文素质文化的培养、思想品德文化的培养都有重要作用。

体育教学在培养学生心理素质文化方面的体现是:帮助学生养成不怕困难的意志,以及乐观友爱、团结合作的态度,克服自身心理障碍的能力;改善和提高学生的人际交往水平,有助于学生形成顽强的意志品格,很好地融入学生群体或者社会群体。

体育教学在培养学生体育精神文化方面的表现是:培养学生百折不挠的拼搏精神、不断挑战并且超越自我的精神、友谊第一公平竞争的精神、对真善美不断追求的精神。

体育教学在培养学生人文素质文化方面的体现是：体育教师以身作则在教堂内外创造出有益于提高学生人文素养的健康环境；运用合理的教学方法，高效发挥学生的主体作用，使学生养成终身体育的良好习惯，强化学校体育文化对学生个体的影响；人文精神显著的体育项目，能够拓宽学生的体育视野，培养学生参与体育运动的兴趣，强化学生的主观能动性，形成轻松快乐的学校体育文化氛围。

体育教学在培养学生思想品德文化方面的体现是：体育教学不仅能对学生展开思想品德教育，而且在体育教学的各个环节均体现着学校的思想品德教育，学生在掌握体育知识的同时，也有助于自身形成优良的道德意志作风。

（四）学校体育文化对体育教学质量的影响

学校体育文化对体育教学有很大影响，学校体育文化对体育教学有正向提升作用和反向抑制作用，即良好的学校体育文化可以提升体育教学的质量，反之亦然。

良好学校体育文化对体育教学的提升作用表现为：一是，能够充分调动学生的主观能动性，激发学生对体育运动的学习兴趣，陶冶学生的道德情操，推动学生身心健康向好发展；二是，可以强化学生的竞争意识与团队意识，克服限制超越自我，培养其创新精神，实现学生综合素质的全面发展。在学校文化建设中学校体育文化具备的价值极高，体育教师应当积极开展和参与学校体育文化活动，充分发挥自身的指导作用；学生应当加强在体育文化活动中的参与体验程度。教育性是学校体育文化价值的显著体现，同时体育文化核心也是"育"。学校作为传授知识的重要场所，集智育、德育、美育于一体，而学校体育教学同样是集智育、德育、美育于一体。因此，在不同学校中，体育教学及其衍生活动都是必不可少的必修课程与业余活动。

学校体育文化不令人满意的学校，其体育教学的质量也堪忧。学生和教师对体育教学中的体育活动的参与度、参与态度、教学效果等都不令人满意。所以要提高学校体育文化建设以此促进学校体育教学质量的提高。

第三节 学校体育教学中体育文化的传承

人类长时间的体育运动实践是体育文化形成的基础条件。体育文化在形成的过程中表现出其自身的特征。体育文化是人类拥有的诸多文化财富中的一种,在体育教学的实践中,必须要把发展起来的体育文化传承下去这一任务放在重要的位置上。

一、体育教学中学校体育文化理念的转变

(一)树立终身体育教学理念

实践证明,积极转变体育教学理念尤为重要。单方面将提高在校学生的身体素质作为目标的教育理念,会忽视终身体育与体育教育的长远效应,学生走出学校迈向社会后难以持之以恒。而秉持推动学生全面发展的体育教学理念,就是将提高学生身体素质设定为长期目标之一,将培养体育意识与体育心理等放在突出位置,结果是令人满意的。个体终生参与体育锻炼与接受体育教育之和,即终身体育教育,这一理念在现代体育教学种的作用十分重要。

学校体育课程设置的改变也反映出学校教学理念的改变,将符合学生实际需求的选课形式作为体育教学结构的基础,这是我国学校体育教学理念改革的重要表现,也是发展学校体育文化的趋势,更是学校体育以人为本宗旨的充分体现。体育教学领域终身体育能力的培养是体育教学的一项重要指标。学生的体育能力水平不仅影响其自身的学业成绩,还对其终身体育能力产生重要影响。终身体育能力的培养需要合理的引导,体育教学改革就是要建立在对其能力具有引导意义的指标体系框架内,完善其制度,使其有据可依。学校体育教学以终身体育为目标的教学理念,形成内外环境条件的配合,最终达到学生内在学习动机和外在学习策略对其终身体育能力培养的双重保证,进而完成学生独立思考能力和创新能力的培养目标,为学生提供未来独立学习、适应社会等方面所需要的技巧和能力。

人类在个体的不同成长时期和阶段都应当密切联系自身实际需求,积极接受体育教育,参与和自身情况相符的体育锻炼,并坚持不懈才可以实现预期的锻炼目标,这是终身体育思想的体现。终身体育思想的目的主要包括两方面:一方面是使个体在不同人生阶段坚持学习体育知识与技能,

同时积极参与体育锻炼;另一方面是合理衔接个体不同人生阶段的体育需求,为实现完整、连续的体育教育提供保障。

(二) 实践终身体育的教与学

在实际生活中,人们应将把自身实际情况和体育锻炼内容与方法有机结合,根据自身变化来对锻炼内容和方法进行合理调整,树立终身体育意识。具体来说:一是终身学习者获得体育锻炼的途径和方式,应是体育教师在体育教学中传授的,二是体育教学应是让学生掌握特定锻炼方式和多种体育锻炼方法的相关技能,具备快速搜集和运用体育锻炼方面的最新消息的体育自学能力,从而养成良好的体育锻炼习惯和创新意识,三是体育教学应该多方面调动学生体育运动的主观能动性。

终身体育从不同角度看可以分为两个方面。

一是学校教的方面。终身体育是将目的与途径设定为体育系统的整体化、科学化,向学生个体传递各人生阶段和不同生活范围加入体育锻炼的终身意识的实践过程。学校是学生接受正规系统教育、健康教育时间最长,形成正确体育、健康观的最佳时期和场所。完善的体育学习对提高学生的体育创新精神和实践能力具有重要作用。学校应切实提高体育教学的效益,发挥体育根本价值功能,让学生真正感受到体育的乐趣和作用,从而为培养学生的体育意识、体育能力、终身体育习惯打下基础,让体育切实为学生服务。

二是学生学的方面。个体在其一生中持续参与体育活动,实现提高身体素质和促使身心健康的目的。学校体育教学、各项体育文化活动的开展对学生体育技能的学习起到了积极的推动作用,但是学校体育教学的开展过程中也存在一些问题需要改善。陈旧的教学模式,机械地将教与学的过程分裂,违背了以学生为主体的教学模式的主旨,导致教师的"教"与学生的"学"脱离,成了教学过程中两个分离的环节。要将强学生自主互动学习方法的应用比例,扩大学生自主练习的空降和时间,增加练习密度并加强交流,激发学生自主学习的主观能动性,提高学生体育兴趣,加强学生体育理解力,达到提高学生自主学习能力的目的。学生自主互动学习方法的课堂设计,要以学校体育教育的规律为基础,创新学生自主学习方法,构建行之有效的自主教与学的互动模式。

二、体育教学中教师教学模式与内容的变革

（一）变革体育教学模式

打破传统体育教学模式的限制，在体育教学中只有充分发挥学生的主观能动性，学生的主体作用，教师的主导作用，才能使学生的体育文化水平达到质的飞跃。在体育教学过程，体育教师要保持良好的情绪状态，使课堂环境达到轻松、快乐的氛围，才能有效调动学生参与互动的主观能动性。要想达到师生良性沟通的目的，只有转变体育教学的模式，以学生为主体，才能实现有效对话和双向理解，师生间才能具备和谐的关系。学生有和体育教师学习某方面体育知识和技巧的积极意愿时，教师要持续调整自身态度，努力使师生关系更加融洽，推动体育课堂教学顺利开展。

在体育教学的实践过程中，教师同时具备教学者和管理者两种角色，提升教学质量的基础性条件是管理好课堂。体育教师对体育课的主要管理工作包括分组、编班、建立课堂规则、给学生做思想政治工作、激发学生学习积极性、灵活运用教学手段、控制运动密度和强度、正确使用场地设施、及时做好安全防护措施、规范师生服装等。

对于体育教学的开展因材施教是极为必要的。在体育教学的实践过程中，应当开展学生选修课，促使学生在对体育运动项目选择时充分结合自身爱好；同时针对身体素质有待提高的学生，应当对其提出限制选择项目的指导和说明。在体育教学过程中，体育教师应指导学生认识自身实际，深入理解体育文化，再结合预期要达到的目标，对运动项目做出最为合适的选择。

（二）变革体育教学内容

体育教学在备课、选择和确定具体体育教学内容之前，应当对学生现阶段身心特征以及体育水平进行深入了解。要有效发挥体育教学内容对学生身心发展的促进作用，离不开体育教师的正确指导。因此，体育教师要对学生的学习过程进行良好引导，使教学内容成功转化成学生需要的内容，并且让学生认识到教学内容的重要性，只有这样才能将教和学融合起来，推动教师和学生共同进步。由此可知，教学内容的正确选择，对学生学习体育知识、提高身体素质、养成良好运动习惯均具有积极影响。体育教学内容不仅在体育教学中占有重要地位，而且在体育教学的全过程中具有关键性作用。科学的体育教学内容在使学生德智体美全面发展的同时，

还能保持学生的个性特征。科学合理的体育教学内容是师生间联结良好纽带，能够强化师生的信息沟通。要想更好地适应时代发展的需要和学生自身发展的需要，就要在选取体育教学内容时遵循学生的成长规律和体育教学自身的特点。

三、体育教学中学生对体育文化的传承

体育素养是当人们学习和掌握体育知识、技能之后，形成的正确的体育认知、体育价值观以及待人接物的态度等。从整体角度进行分析，当学生的体育素养提高后，可以推动学生多方面发展，为传承学校体育文化奠定坚实基础。学校体育教学的作用有四点，一是使学生的综合素质得到本质提高，二是使学生的体育素养得到本质提高，三是使学生身体健康水平得到提升，四是使素质教育的良性发展得到有效推进。

动态性是传承体育文化的显著特点，传承是延续体育文化的重要条件，传承体育文化的载体是人。体育文化的传承从本质上讲属于人的创造性活动，所以传承文化和发展文化的最终结果取决于人的素质。由此，学校体育文化在被传承的全过程中，传承人扮演着关键性角色，只有传承人不断提升自身综合素质，充分发挥自身潜质，汲取各方面的优秀成果和经验，才能将体育文化精髓充分掌握与吸收，从而更好地传承和发扬。

（一）认识学校体育传统，树立终身体育观念

学校体育的发展在东西方逐渐成为社会发展与文明演进的标志和动力。体育文化的发展和传承始终贯穿于学校体育发展的中轴线。可以说学校体育是传统体育文化和现代体育文化发展的基础。学校体育教育中的足球、篮球、网球、体操、健身、健美等体育项目吸引着最普遍的爱好者，我国传统体育文化也在学校体育领域逐渐占有重要位置，越来越受到学生的欢迎。学校体育中的传统体育文化，可上溯到孔子提出地"六艺"中的"射""御"，而且现代已经成为学校体育教学的重要部分。传统体育项目中导引、气功、武术、太极拳等动静结合，修身养性的体育文化在我国学校教学中源远流传。学校体育传统与现代协同发展，实现了学校体育文化的推广和普及，据统计，在我国每年有一亿多学生达到国家体育锻炼标准，有三亿多人经常参加各种传统体育活动。

学校体育文化是一所学校区别于另一所学校的文化特质之一，是该校在体育办学方针、办学成绩、领导作用、学校体育风气等方面的综合反映。学校体育传统是学校体育文化得以延续和发展的基础。苏联著名教育

家马卡连柯曾经指出："任何东西，也不像传统那样巩固集体。培养传统、保持传统是教育工作中最重要的任务。"一个置身于学校体育文化中的人，从他生活在校园之中的那一天起，就处在一定的学校体育传统包围之中。学校体育传统本身就是一个浓重的体育文化氛围。学校体育传统作为一种文化模式的具体表现，要经过相当一段时间的积累、积淀而逐渐形成。它所形成的学校气氛能使群体各个成员产生归属感、安全感和自豪感，并使生活在这种环境中的各个成员不断调节自己的心理和行为，以利于和学校体育传统保持一致，同时得到群体的肯定，实现文化整合。

学校体育教学有助于引导学生养成良好的体育习惯，激发学生对体育运动的兴趣、爱好，并养成良好的体育习惯，从而树立终身体育观念，使体育成为其生活中一个不可缺少的组成部分。因此，学校学生在体育课堂内外要自觉地接受学校优秀体育文化传统熏陶，而能较快地适应新环境的要求，改变原来不适应学校体育传统的行为与习惯，发扬和传承学校的优秀体育文化传统。

（二）培养体育欣赏能力，提高体育活动的参与度

体育欣赏能力是培养学生自身体育兴趣的基础。体育运动除了其显而易见的益处即能有效地增强体质，健全人体各种生理功能，塑造自身矫健、强壮的人体外，还有其特殊的感染力。随着体育文化的发展及其内容的不断丰富，体育的文化内涵越来越多、精神阵地和艺术色彩越来越丰富，体育潜移默化地感染、熏陶着人们。体育竞赛观赏也成为向青少年实施审美教育的特殊途径和有效手段。因此，在学校体育教学中，学生们除了注重锻炼自身的体质及体育技能外，还要注重培养自身对体育艺术的欣赏能力和审美情趣。

培养自身的体育欣赏能力，首先，要了解体育竞赛观赏的原则，体育运动中存在大量的美，且由来已久，学生要在体育竞赛观赏过程中加深理解，就必须弄清体育运动中的真、善、美及其相互关系，把握其联系和区别，这样美的形象才会鲜明地展现在我们眼前。其次，要掌握正确的体育竞赛观赏方法。由于体育运动中包含的因素异常丰富，为提高自身观赏多样的体育运动、加深对各竞技项目特点的理解，学生就要培养学习体育的自主意识，将整个运动形态加以分类，揭示体育运动中美的一般规律，最大限度认识各项目对人体健美的效益，提高自身对体育的观赏效果和审美情趣。国外学者分析了运动美的要素，主要包括实践性（灵敏性、速度、节奏）、空间性（幅度、高度、重量）、坚韧性（强度、激烈、顽强）、精致性（巧妙、准确、均衡）、愉悦性（华丽、热爱、惊险）、优雅性（柔

和、流利、高尚）。学生可以以此为鉴，有意识地培养正确欣赏体育竞赛的方法，从而激发对体育的兴趣，进而提高自己对体育活动的参与度。

另一方面来说，学生通过体育竞赛观赏，能培养自我的体育精神。赛场上的运动员，在受了伤的情况下依然坚持比赛到最后，即使他们没有获得名次，他们坚强的意志也成了体育运动宝贵的财富。这增进了学生对体育精神的理解，从而提高对体育的兴趣，甚至其不屈不挠、顽强拼搏的体育精神对自身综合素质的培养产生重要的影响。

（三）传承学校体育文化，实现终身体育目标

目前，我国正处于全民健身计划的第三个关键期。学校体育作为大众体育的重要组成部分，积极探索适合我国民族传统的体育教学是学校体育改革的方向。当今高校的体育教学不是一个封闭式的教育，体育教学有时会外延到与社会体育团体的合作，学生对体育的学习不仅限于实际的课堂和校园内部，体育内容和形式的多样性，为学生参与体育活动提供了多种选择性，但是同时对学生的选择能力提出了要求。学生应该在正确认识学校体育传统和有足够体育欣赏能力的基础上，有效地传承学校体育文化，同时在终身体育观念的指导下积极参与体育活动。学生还可以积极发挥自己在体育方面的创新思维，比如组织一些学生自己举办的竞赛活动：街头篮球对抗赛、太极演练等，利用自身的影响力，激发周围学生的体育兴趣，从而为传承学校的体育文化贡献自己的力量。

自 2008 年北京奥运会成功举办后，特别是 2015 年 2 月，中央深改小组第十次会议审议并通过了中国足球改革发展总体方案，并指出建设体育大国和体育强国，是中国人民实现"两个一百年"奋斗目标的重要组成部分。各项体育运动的规模和影响在我国达到空前繁荣，掀起了全民体育运动浪潮。在这一全国性体育氛围的熏陶下，学校学生也要积极培养自己实现终身体育目标的决心。从调查结果来看，当前大学生对体育运动的态度是十分积极的。学生要充分认识自身体育素质，积极参与适合自己并且自己感兴趣的体育运动，坚持终身体育的目标。使原本不喜欢体育运动的自己喜欢上体育运动，使原本喜欢体育运动的自己更加贴近自己喜欢的体育运动，并且把终身体育作为目标坚持下去。当然也要正确认识当前体育运动中的一些不和谐的因素，如兴奋剂、黑哨等，明确这仅仅是寄生于竞技体育的负面文化，并不属于体育文化的范畴，不能因为它们的存在和恶劣影响就全盘否定了体育文化。体育文化要想健康地发展，就需要我们努力去克服这些缺点，树立正确的体育观，敢于同这些负面的不和谐因素说不。我们要认识到体育文化实质上是美好的、崇高的、纯洁的。

第四节　体育教学与学校体育文化的融合发展

体育教学要与学校体育文化融合发展才能更好地发挥作用，这在很大程度上是由学校体育文化的功能决定的，而其两者融合的方式也是多种多样的。

一、体育教学与学校体育行为主体文化的融合发展

体育教学是实现学校体育目标的基本形式，是对学生进行有目的、有组织的教育过程，是学校体育文化的基本组成部分。体育教学在培养学生终身体育意识和锻炼习惯这一目的主线上，应提倡传统体育项目的开发和本地区民族体育的挖掘与教学，增加体育项目的趣味性、文化独特性。体育是教育的重要手段，是学校课程体系中的重要组成部分。学校体育教育对培养学生的体育意识、体育能力、终生体育习惯、健康意识有举足轻重的作用。体育是健康生活方式的基石，是促进健康的载体，是提高人的生命和生活质量的重要基础与保证，体育学习对学生的发展具有多方面的价值。通常来说，学校体育教育是受教育者接受体育教育时间最长的一个阶段，是形成正确体育观的一个导向台，达成体育目标的载体。

学校尊重并力图实现每位学生公平参与各项体育活动的权利。在实际教学过程中，学校和教师要对各项体育活动、体育竞赛活动进行全力革新与完善，充分挖掘和发挥体育活动、体育竞赛活动的价值和功能。在安排各项群体活动项目时，以学校实际情况作为重要依据，传统项目与重点项目优先安排，妥善加入一些激发学生运动主动性的体育活动和竞赛项目，同时还要兼顾活动的可执行性以及提升运动水平的目的性。

对于体育文化节的举办，将其开展范围锁定在学校内，要将学生放在主体地位，充分发挥教师的主导作用。春秋两季气候适宜体育活动，所以选择在春秋两季开展的运动相对较多。通常情况下，体育文化节会维持两周时间，学校特色和所属地域不同，文化节内容也会存在着很大差异。体育文化节应当同时包括很多类型的项目，进而带动学生参与的积极性。开展学校体育文化节，不但能让学生深入认识体育文化，还能让更多学生参

与到传承和弘扬体育文化的队列中。对于体育文化来说，学校文体活动能够使其在学校范围内传播得更加广泛，学校应当积极开展体育文化节活动。

在进行具体的体育教学安排时，要有所侧重，要将不同类型的运动会项目均匀安排于整个学年中。对运动会等大型体育活动展开统一安排和规划，将学校教育计划、气候变化、国家法定节假日以及项目数量等众多因素全部考虑到。尽量把学校大型运动会或大型竞赛活动安排在每年的同一时间，使其成为学校特色与传统。除此之外，教师要时刻谨记学生的主体地位，重视发挥学生的积极性，解放其学习方面的天性。在学习过程中，学生不仅要主动参与其中，而且要积极带动其他学生的主动性。

二、体育教学与学校体育物质文化的融合发展

体育课外活动组织形式相对于课堂活动富有变化、具有灵活性。体育课外活动组织形式灵活的根本原因在于其性质。由于学生间存在着巨大差异，所以固定不变的体育活动形式是与实际相违背的。因而，要想使学生群体的不同需求得到满足，积极调整和变换运动形式是十分必要的。因此，校内体育俱乐部活动受到了广大学生的欢迎，学生可以参照自身在体育方面的优势和喜好加入。校内体育俱乐部导向性明显，体育活动的最终效果好，当前受到越来越多学生的欢迎。目前，单项俱乐部与综合俱乐部是学校体育俱乐部的两种重要形式。

这就需要结合学校的场地器械、学校综合师资水平、现有体育优势等。在管理校内体育俱乐部时，应当专人负责与管理，密切结合本校体育工作的整体规划与各项具体计划，进而科学确定体育活动的各项目标、具体运营方式、具体人员安排等多个方面。与此同时，在筹集经费、合理分配和安置育场地和体育器械方面也要做好相应工作。

学校在体育物质文化方面还要加强体育社团网站的建设。理想的社团网站，不但对不同社团的组织结构完善状态有相对客观的反映，而且能够在很大程度上推动学校体育文化的发展进程。但现实情况是，我国大部分大学体育社团团没有建设专门网站或网页，这样就会降低大学体育社团的影响力，可能难以吸引学生的参与。

三、体育教学与学校体育精神文化的融合发展

变革体育教学理念、创新体育教学体系，是融合体育教学、体育、体

育文化的基础性途径。学生不应将获取学分作为参与体育课的唯一目的，体育教师要将体育教学终极目标向学生说明清楚。学校要积极推动体育课程改革的整体进程，将部分注意力放在培养学生树立终身体育意识方面。当前，我国大学三年级和大学四年级没有体育课的现状，会对培养学生的体育意识产生消极影响。在大学三年级和大学四年级，可以适当加入某些休闲体育运动项目，使学生持续参与体育锻炼，进一步巩固或者加强学生的体育精神文化意识。

健身功能、修身功能、养心功能是民族传统体育的主要功能。因为民族传统体育将文、武有机结合，所以可将民族传统体育作为人数较大人群的教育方式。因为儒家伦理道德为核心的社会文化体系在过去的很长时间影响着我国主要民族，所以民族传统体育的民族特色十分鲜明，因此，把文化内容深层次融入教学方式与教学功能中，从理论上讲更容易实现学生身体全面发展，推动中国体育教学不断向前。在体育教学中加入民族传统体育的元素还对建立良好的学校体育文化特色与传统有促进作用，很好地实现了与学校体育精神文化的融合发展。

四、体育教学与学校体育制度文化的融合发展

在我国大力变革和发展学校体育的情况下，高校有关部门和领导必须将强化学校体育文化建设置于重要位置，同时也要解决时代变迁向体育文化发展提出的各项新要求。一般情况下，学校会建立系统性极强的相关制度，采取各种措施，使学生参与体育课外活动的主动性得到高效激发。

在体育教学中，学生参与体育课外活动、完成体育活动规定的某些任务、达到学校体育终极目的，也是学校向社会输送全面发展人才的一个目标，还是学生身心发展的客观要求，这就需要相关制度的保驾护航。

作为构成学校文化的一个部分，学校体育制度文化，是关于体育一些细化制度的制定，它对高校发挥学校体育文化的文化价值具有举足轻重的作用。如在全国各类高校，基本具备学生体质健康标准、学校体育工作条例等国家下发的成文制度。然而实际情况进行分析，国家下发的这些成文规定在多数情况下属于理想状态之一，绝大多数高校在学校体育方面有长时间规划，但关于学校体育文化管理机构建设等方面的完善的制度化文件尚未形成。换句话说，制度化和规范化的局面只存在于大学体育的某些方面。学校体育制度文化是体育教学顺利进行的保障之一，两者也在融合中动态发展共同进步。

第五章 学校体育文化管理及建设

第一节 学校体育文化管理

一、学校体育文化管理的艺术

最优良的高校体育环境，必须是多个文化层次高度和谐统一的环境。要达到学校体育文化的和谐统一，要使得校园文化健康有益，必须讲求学校体育建设的管理艺术。

（一）导向性和愉悦性

坚持导向性，在静态和空间角度体现价值导向和生活方式导向，在动态和时间角度体现传统导向、现实导向和未来导向，并且互相关联、互相协调、互相平衡，从而产生理想的整体导向效益，这是我国学校体育文化应有社会效益的必然要求，也是学校体育文化教育性的首要表现。

首先，要引导师生员工朝着正确的思想政治方向前进。

其次，教育形式应是令人愉悦的，符合教育对象的生理、心理特点，使人不知不觉但又自觉自愿地接受教育和影响。环境文化、设施文化，也应寓思想性、针对性于可感性、服务性、愉悦性之中，把有意识的影响、教育渗透于无意识的体育文化形态之中，通过美好健康的环境和氛围，影响受教育者的心灵世界。

（二）多样性与统一性

学校如何办出具有自己学校特色的学校体育，如何形成自己学校特有的体育优势，如何使自己学校的体育文化富有生机，如何使师生员工的个性有好的发展环境，只有通过丰富多样的学校体育文化的形态、内容，不同的体育学术观点，不同的体育教学风格实现，做到"百花齐放，百家争鸣"。

校园环境优美，体育物质装备先进，体育教学技术有创新，体育课程文化有特色，体育学术文化有传统，体育制度健全，体育管理得法，体育风气优良，体育科研成果甚丰等，其中任何一个方面或几个方面都有可能形成一个学校的体育特色。

通过长时间的调查和研究，我们发现只有富有体育特色的学校，才是具有凝聚力、生命力、吸引力、竞争力，可以对社会做出特殊贡献的个性化学校体育文化。当然，个性要寓于共性之中，多样性也要寓于统一性之中。性格上、治学上的个性必须服从作为培养社会主义事业建设者和接班人的根本要求；风格上、建树上的多样性，要以建设有中国特色社会主义的校园体育文化为前提。建设社会主义校园核心的团队精神。马克思早就讲过：只有在集体中，个人才能得到全面发展其才能的手段。体育亦是如此。

(三) 开放性与选择性

从本质上来说，文化是开放的。学校体育文化的建设和发展，永远离不开开放，包括在校内开放，向社会开放，向世界开放。不贯彻"三个面向"精神，不吸收最新信息，不学习中外学校先进体育文化，学校体育文化就难以现代化，难以在意识形态领域前沿和整个社会主义精神文明建设中发挥应有的作用。当然，建设开放的现代化的社会主义学校体育文化，必须坚持选择性，特别注意以下两点。

1. 正确吸收传统体育文化，保证学校体育文化的社会主义性质

马克思主义认为，每个国家的文化发展，首先以本国人民和本民族发展的需要和传统为先决条件。所以，我们必须在大力繁荣和发展充分体现社会主义时代精神的新体育文化的同时，必须继承和发扬我国传统体育文化的优秀成果，既反对崇尚复古的"国粹主义""本土主义"，更反对全盘否定中国传统体育文化的民族体育虚无主义。中华民族是一个善于吸收和消化外来优秀文化的民族。

2. 正确地吸收社会体育文化，保证学校体育文化的先进性质

校园应是社会体育文化中积极因素的精华，是以一定的社会要求和价值观念为指导，依据体育教育目的，对开放的社会体育文化分析、鉴别、认可，精心挑选，提炼浓缩，整理改造之后的积淀，其模式和体系是在校园主体自觉努力下形成的，因此，学校体育文化应当具有防御性。要提倡

健康、文明、科学、丰富多彩的课外体育文化活动，包括师生员工喜闻乐见、文化层次较高、寓教育于审美的各种体育活动。随时防止腐朽体育文化的渗透。

（四）先导性与从属性

学校体育文化往往是时代发展的晴雨表，有着一定的先导性，能够迅速地汇集并传播各种体育思想，及时地反映或预示体育学术前沿动态和体育科技发展水平，自觉地根据社会发展大趋势，培养能够设计与创造未来的"新体育人"，从而对人类体育的发展发生重要的影响和作用。学校传播媒介先进，知识分子集中，而且文化层次较高，他们对各种体育思想比较敏感，对科学技术和社会进步具有趋善求美的理性和自觉性，理想主义色彩较浓。这是学校特有的优势，也是校园体育文化先进性、超前性的一种表现。

然而，校园体育文化的这种先进性、超前性是相对的，有条件的。因为校园从属于、渗透于社会文化，其中，物质形态的校园文化主要是工农创造的，意识形态的学校文化则是社会主义初级阶段政治、经济的反映。建设学校体育文化必须十分明确学校体育文化的这种从属性，从而自觉地坚持学校体育文化正确的政治方向，这是教育阶级性的表现，是学校社会主义性质的要求，也是学校体育文化先进性、超前性得以发挥的基础。只有这样，我们才能正确利用学校固有的优势充分发挥学校体育文化的先进性、超前性。

（五）克服自发性，强化管理性

与学术性、多样性、开放性、先导性等相联系，校园文化有时表现出一定的自发性。自发的东西，有的伴随着创造，孕育着先进，但不经由群体扶持，就有易逝性，可能自生自灭；有的还连带着破坏，酝酿着倒退，若不经由群体匡正，就会传染开来，可能危害学校体育文化本身。学校体育文化有的属于文化范畴，有的属于管理范畴，清醒地意识到学校体育文化的自发性有利于提高其规范性，强化对学校体育文化的管理。对于自发的东西，要及时扶持其积极面，匡正其消极面。切实加强对各种课外体育文化活动的组织、指导，不断强化体育精神文化、体育制度文化、体育交际文化导向性的氛围，正确发挥它们渗透、制约、凝聚等作用。

（六）保持稳定性，重视发展性

事实上，学校体育文化超前的先导性只是相对的，大学体育文化，特别是体育课程文化、体育制度文化、体育环境文化，可以也应当保持相对的稳定。但是，稳定并不等于停滞，稳定之中应有发展。学校体育文化总是随着学校和社会的发展而发展的，既吸收前人创造的优秀文化成果，具有历史的继承性，又融合当今最新的先进文化成果，具有时代的先进性，还不断凝聚本校成员的心血和创造。只有新的体育文化特质不断积淀到学校体育文化传统中去，学校体育文化传统才能不断推陈出新，体现时代体育精神，适合时代体育需要。

二、学校体育文化管理骨干的培养

学校体育文化建设必须有一批骨干、带头人，通过他们的示范、引导和榜样作用，推动整个学校体育文化的健康发展。

（一）形成积极向上的群体心理氛围

一般来说，在学校体育文化活动中的组织者、发起者是大学生群体中的"骨干和中坚力量"。他们多具文化特长，知识面较宽，能力较强，在学生中有一定的影响力和号召力，同时他们也特别注重自我表现和自身价值的实现。我们应根据他们的这些特点，有的放矢地做好挖掘工作，对他们进行思想引导。既要求他们在发展学校体育文化中起带头作用，又要求他们在开展学校体育文化活动中，防止庸俗无聊的消遣，克服消极情绪和悲观心理，引导他们把浅层次的文化活动提高到深层次的精神境界上来。经验表明，做好学校体育文化骨干的培养、培训工作，能起到典型导向的作用，而运用典型导向来规范学校体育文化活动的内容、形式和行为，往往能收到事半功倍的效果。

1. 群体内社会心理气氛

群体社会心理气氛是指促进或阻碍群体的共同活动和群体内个人全面发展的心理条件的总的表现形式。大学生社团中良好的社会心理气氛主要表现为以下几点。

①社团内部成员之间的相互信任和严格要求。
②社团成员在讨论与整个群体有关的问题时畅所欲言。
③社团领导人承认和尊重社团成员的民主权利。
④社团成员充分了解他们所面临的任务，并了解他们完成任务的状况。
⑤社团成员对群体的隶属关系感到满意。

⑥社团对其中某个成员的困难和挫折有着强烈的同情和互助精神。
⑦社团的成员对关系社团的事务都怀有责任感等。

2. 社会心理气氛的决定性因素

一般情况下，主要由以下几点来决定社会心理气氛。
①社会心理气氛取决于社团的发展水平。
②社会心理气氛的状况取决于社团领导者的领导水平和作风。社团的优化管理要求领导者具备相当的文化水平和专业知识，要善于依靠社团中富有积极性、自觉性和首创精神的成员，并促进社团成员养成相互理解、协调活动的习惯，从而促进大学生心理素质、业务素质和人才素质的全面提高，促进学校体育文化建设健康、全面、积极向上的发展。

3. 群体内社会心理感染

人类科学的研究成果还进一步揭示了社团内成员相互影响的机制问题，即所谓的"社会心理感染"❶。社会心理感染有以下特征。
①它是在无压力的条件下产生的。
②它是无意识地和不自觉地受到影响❷。
③被感染者产生了与刺激者相同的情绪以后，可出现相同的行为。感染极易发生在人群密集的场合之中，且传播之快是十分惊人的，通常以循环式与链锁式的形式进行❸。

（二）充分发挥教师在学校体育文化建设中的主导作用

在高校体育文化系统里，主要分为学生文化群和教师文化群，其中学生文化群是学校体育文化的主体。现阶段的学校体育文化活动，主要是以各类学生社团为主的"第二课堂"活动，同在教学过程中要充分发挥教师和学生的两个积极性一样，学校体育文化建设必须坚持学生的主体作用和教师的主导作用相结合。教师是学校体育文化的主导力，发挥教师在学校

---

❶ 所谓社会心理感染，是指青年大学生在直接交往过程中通过言语、表情、动作及其他方式引起的情绪状态的相互影响过程。

❷ 社会心理感染与自我暗示有别，自我暗示是有意识地向自己发出刺激，以调节自己的认识、情感、意向和行为，而感染则是在不知不觉中发生了情绪的变化。

❸ 前者是指一个人的情绪反应激发了他人的情绪反应，使他人激动起来，而他人的反应反过来又促使自己的情绪反应更加强烈，后者是指一个人的情绪感染了甲，甲的情绪又感染了乙，乙再感染丙，在人群密集的场合下情绪感染相互刺激、相互影响、相互加强，以至整个人群的情绪达到理想的状态。

体育文化建设中的主导作用❶。教师的积极影响的主导作用对学生的积极影响极大,因此要搞好体育教师文化建设,丰富体育教师的文化生活。体育教师应通过自身的文化建设,全面提高体育文化素质,潜移默化地影响每一个学生,同时引导和规范学生的文化生活,把握学校体育文化的价值导向。

三、校长在学校体育文化管理中的作用

校长在大学校园文化建设中承担着重要的责任,这种责任具体体现在以下作用的发挥上。

(一)校长的示范作用

校长在学校体育文化活动中的示范作用是非常重要的❷。校长的参与和带头,不仅仅表现为校长的重视和支持,而更重要的是可以在师生中树立良好的形象。这种良好的形象,会像磁铁一样产生吸引力,形成最佳的领导效果。同时,校长参与必然要和师生打成一片,这样就和师生感情脉脉相通,在师生心理上产生亲切感,这种亲切感必然会形成一种自发的凝聚力。另外,校长在学校体育文化活动中能发挥带头作用,身先士卒,率先垂范,就会在下级和师生的心理上产生敬爱感,这种敬爱感本身就是一种无声的号召力。校长的示范作用,既是校长的责任,又是领导艺术的具体体现。

(二)校长的决策作用

1. 校长的基本职能——决策

学校体育文化活动的管理贯穿着一系列的决策。因此,决策科学化是保证学校体育文化各方面目标顺利发展的重要因素,也是检验现代化领导水平的根本标志。

在市场经济条件下,社会活动发生了一系列的根本变革,突出表现为社会活动越来越复杂,越来越多变,影响越来越大。

---

❶ 一是指教师要充分运用物质文化、精神文化、制度文化的育人功能,培养学生积极进取、严谨求实、团结向上、改革创新的精神,鼓励学生早日成才;二是要求教师尽可能地参加学生组织的各种学校体育文化活动,特别是课外活动、专题讨论等,并对他们进行业务指导,这样既可解决学生理论联系实际的问题,有利于教师结合学校体育文化活动对学生进行思想政治教育。

❷ 所谓示范,就是各级校长在学校体育文化活动中不仅要积极参与,而且要发挥带头作用。

正因为社会活动越来越复杂,对它们进行决策时,就要从战略到战术,从宏观到微观,从全局到局部,从经济价值到社会效果等进行周密的方案论证工作。正因为社会活动越来越多变,任何一个国家、一个地区、一个事业要前进,要发展,就无时无刻不处于激烈的竞争之中。它使得每一个校长经常会碰到大量问题需要及时解决,而决策的正确与否往往关系着事业的兴衰存亡。正因为社会活动的影响越来越大,牵一发而动全身,一个措施往往会引起一连串反应。因此,一个决策的失误也许会引起全局性的严重后果。

总之,为了社会和人类的未来发展,校长必须有"一失足成千古恨"的痛切感,积极主动地去研究和寻求合理的决策。以上三个特点,要求现代校长必须实行科学决策。当然,在市场经济条件下,校长凭个人的知识、经验、智慧和胆略,有时可能做出正确决策,并取得成功,问题是失误的可能性也很大。

2. 科学决策的内容

科学决策势在必行,它包含以下三个方面的内容。
(1) 严格实行科学的决策程序。
(2) 依靠专家,运用科学的决策技术。
(3) 校长用科学的思维方法决断。

校长的科学决策关系学校体育文化建设发展的全局,所以校长的主要责任是在相同文化建设方面做出科学的、符合实际的决策。在设计一个方案,规范一项活动和吸纳师生员工提出的建议时,都需要校长根据实际与可能,及时"做出决策",否则会贻误时机,耽误工作和挫伤师生员工的积极性。不论是总体规划,还是具体活动,校长都应当提出决策性的意见。当然,校长在决策前应当听取各方面的意见,发挥群体的智慧,要按照正确的意见进行决策。这样,才能保证决策的科学性和有效性,从而保证决策的有效实施❶。

校长在学校体育文化建设中要发挥决策作用,亲自参与拟定学校体育文化建设的政策措施,抓好学校体育文化建设的总体规划,研究学校体育文化建设中存在的主要问题,使学校体育文化活动在科学、正确的领导下健康发展。

---

❶ 于广智. 学校体育文化论 [M]. 北京:北京体育大学出版社,2012.

(三) 校长的控制作用

校园活动健康发展的根本保证是校长对学校体育文化活动的有效控制。控制实质上就是有效管理，就是工作导向，就是督促和检查。控制在校园管理上的意义，就是校长对下级指示其工作的方向，检查其是否按照指定的方向去执行。如果出现偏差，随时予以纠正。为了实现目的与完成计划，控制具有测定或更正下级进行状态的性质。因此，控制由如下三个要素构成。

(1) 基准的设定❶。
(2) 目标推行的测定与报告❷。
(3) 改正措施。

由此可见，学校体育文化活动的规划再好，目标再好，如果束之高阁而不去实施，那么这些规划和目标也没有用。提出规划目标，就是为了实施，要实施就必须控制。

首先，紧紧把握学校体育文化建设的方向是控制的首要任务，提倡什么，反对什么，要态度鲜明，毫不含糊。

其次，学校体育文化建设方案在实施中，一定会有许多随机因素的干扰，有许多事先预料不到的情况和问题会出现。这就要求校长必须行使控制职能，及时收集各种信息，不断地分析实施中的反馈信息，随机处理问题，纠正各种偏差，从而保证规划和目标的实现。

再次，要保证学校体育文化建设按预定的方案实施，以期达到良好的预期效果。某项活动效果不好，质量不高，会对整个学校体育文化建设带来消极的影响，这也是校长对学校体育文化活动控制的失败。因此，校长必须在方案的实施过程中加强督促和检查，把问题解决在过程之中，从而保证学校体育文化建设更富有实效性，发挥出更大的作用。

(四) 校长的协调作用

校长的协调，在学校体育文化建设中具有重大意义。学校体育文化建

---

❶ 控制的基准，即是目的与计划，计划与控制是一个问题的两个方面。为了控制，必须要有计划。而且，为了计划也必须要有控制。不建立计划的管理者，也不能实施控制的职能。计划愈完善，而且期间愈长，控制愈能发挥其效果。

❷ 控制又是以某种授权为前提的。将管理任务授予部下，部下则依所制定的计划，实行上级管理所授予的职务，而且，部下必将业务进行状态及其结果向上级报告，上级校长根据其报告情况与既定的计划，予以比较、测定或检查其得失。其中"测定"担负着重要的任务，它是以计划与实际差异分析为中心的。

设不是学校中某个部门、某个个人的事情,它涉及党政工团学、上下左右中方方面面。要形成党政工团学齐抓共管,上下左右中共同参与的新格局,就需要校长发挥有效的协调作用。校长有效地协调,有以下两个方面的益处。

①可以使各部门的具体职能和各种相关因素相互补充,相互配合,相互促进,可以避免工作中的对抗因素和重复现象,减少冲突和摩擦,从而减少人力、物力、财力和时间的浪费,提高效率,收到好的效果。

②通过校长的有效协调,可以形成人与人之间的相互理解、相互支持、和睦相处、施展才能和实现抱负的环境,做到团结统一,形成合力,从而有利于学校体育文化建设的发展。

(五)校长的激励作用

激励作为调动、激发人们积极性和创造性的手段,可以在学校体育文化建设中发挥重大的作用。

1. 激励的意义

唤起有工作能力者的工作情绪,也就是唤起下级出自内心自愿地、努力地去从事其工作的力量是激励的意义。学校体育文化建设中,没有师生员工的积极性和创造性,活动就不会有生气、有效果、有创新、有发展。

2. 激励的核心

在谈到激励时,是不能忽视下级的各种欲求的。校长如果提供的激励与下级的欲求无关,那他的这种激励是徒然的。因此,对下级欲求予以了解是件重要的事。激励就是期待的工作完成与满足下级欲求所达成的天然合一。

有关人类欲求的全部理解,在社会科学家的见解中依然不相一致。社会学家将欲求分为生理欲求(健康、安全等)与社会欲求(情绪、教育等)。人是有欲求的动物,人们对某一同样事物不愿求其量多,而宁愿求不同种类事物的满足。

一般而言,人的欲求之排列顺序是先有生理欲求,生理欲求得到满足后再转向社会欲求。但是人是复杂的动物,往往并不是首先求得基本欲求之满足后才求得更为高层次的欲求,人类是在两者同时求得满足过程中选择其重点的。所以一个有效的、健全的激励系统之开发是困难的。

一般来说,校长是以提供劳动机会、提供能鼓励生产力上升的工资与对违反规则者给予惩罚等手段来激励部下。而且，针对个人自尊心、创造力、社会地位、工作情绪等非正式的激励方法也是必须注意和运用的。

总之，为了激励下级，使他们能有效率地工作，校长应有效地利用环境，通过信任激励、关怀激励、榜样激励、任务激励、奖惩激励、物质激励等手段，把蕴藏在下属领导和师生员工中的主动性、积极性和创造性充分发掘出来，使他们心情舒畅，努力进取，施展才能，大显身手。这样，必然会促进学校体育文化建设生气勃勃地向前发展，从而在培养合格人才和促进整个社会的文明与进步中发挥出更大的作用。

第二节　学校体育文化建设

一、学校体育文化建设的意义

学校体育文化建设是指学校主体（由学校领导管理人员、教师、学生和职工组成的有机整体）在对学校生存和发展的社会大环境和学校自身小环境的充分调查和研究基础之上进行的对原有学校体育文化的系统整理与总结以及针对当前的各方面的情况与未来学校和社会发展的要求而进行的学校体育文化的发展和创造。

学校体育文化问题，在很大程度上说是一个建设问题。作为整个社会文化系统中的一种亚文化，它不断接受社会文化的渗透与影响，反映社会文化发展的趋势，同时又会对社会文化产生一定的作用，在社会文化发展中体现出自身的价值。具体来说，建设学校体育文化的意义主要有以下几点。

第一，建设健康向上的学校体育文化可以为青少年个性自由的发展提供广阔的天地，有助于造就个性鲜明、情趣高雅、知识丰富、结构合理、发展全面的人才这一教育目标的实现。

在社会主义市场经济体制建立的过程中，经济建设和社会发展需求的人才是复合型人才，这些人要有广泛的适应性、鲜明的个性、强烈的创造性和层次的多样性，又要具有较强的市场意识和与市场经济相适应的思想观念，有经济头脑、有动手能力、有管理才干、有开拓精神。社会发展的这一要求，给学校教育提出了更高的质量标准。这就要求学校在培养人方面除了进行全面深入的教育教学活动和学校管理改革之外，还要加强抓好学校体育文化建设这一重要环节❶。健康向上的学校体育文化在新型人才的培养过程中起着不可替代的作用。

以前,由于人们认识水平等方面的局限,在学校教育中忽视了对社会文化的有效选择,不能为青少年创造出发挥其想象力、创造力的良好环境和系统安排各类文化活动。学校体育文化的建设,必然要克服这种现象,代之以发展个性观念的真正树立。教育活动,也不再是单纯的知识灌输,而要努力培养起青少年学生健康的心理状态,使之形成健全的人格。学校中诸如教育情景的设计和创造,制度化的读书节、科技节、艺术节、体育节和多层次的兴趣小组以及文化社团组织,让学生在欣赏音乐、舞蹈、演讲、绘画等各类文化活动中走出唯读书、唯升学的包围,得到一片纵横驰骋、乐似忘忧的新天地,并在各种创造活动中更清楚地认识到自身的价值和潜力,体验成功的欢愉和快乐。

随着学生需要的被唤起而满足,动机的被激发而实现,其个性的自由发展也有了可靠的保证。例如,目前不少大学中都十分重视各种讲座活动的开展,组织各类人文社会科学和自然科学的讲座、报告、讨论等,可使学生开阔视野,激发他们的求知欲和创造意识,丰富他们的知识体系,同时,也可锻炼他们的组织管理才能,这对于大学生的良好成长——特别是个性的自由发展是十分有益的。

第二,建设健康向上的学校体育文化可以丰富教职工特别是教师的业务知识,提高他们的实践能力。增强他们的"教书育人"的职业道德信念,从而提高教育质量和效果。

教师在学校体育文化中占有主导地位,发挥着重要的主导作用,这就要求他们把建设学校体育文化作为教育的一个重要组成部分。教师组织和参与学校体育文化建设的过程,也是他们自身业务素质和实践能力提高和加强的过程。

一个教师,只有当他处于教育与被教育系统的时空环境中时,他才能不断提高自身的思想素质和业务能力,成为一个名副其实的教师,而不管这种教育和受教育的形式、状态如何。同时,一名教师并不因为他离开了教室、讲台和实验室而失去对学生的教育和影响,在除了这些地方的广阔的空间和时间条件外,作为教师,他都可以通过自身高尚的人格、渊博的知识、干练的才能、得当的举止、严谨的治学等方面来引导和影响学生。如果这个时空环境是良好的、积极向上的,则教师的"育人"作用可能发

---

❶ 因为良好的学校体育文化氛围不仅包括学生闲暇生活的安排,而且包括青少年学生知识结构的调整、科学思维的训练、创造能力的开发、社会责任感的激励和学校学术研究氛围等。

挥得更好。而这一切都有赖于良好学校体育文化的建设。

第三，建设健康向上的学校体育文化有助于优秀学校精神的形成、学校整体素质的形成和教育质量的提高，优秀的学校精神是学校在竞争日趋激烈的时代里赖以生存和发展的必要条件，也是学校在社会所处地位的支柱和顺利开展各种对外交往活动的基础，它可以使学校在社会中的形象更加完善，也可以增强社会成员对学校的信任和尊重。

在优秀学校精神的形成过程中，学校体育文化建设与正常的教育一样，也是重要的途径，在学校体育文化建设中起着举足轻重的作用。从青少年学生发展的角度来看，学校体育文化建设的根本在于优化青少年学生所处的环境，这种环境既包括物质环境，也包括精神环境。学校精神作为一种集体风尚和教育环境，是精神环境的核心内容。因为优秀的学校精神一经形成，就会成为一种集体的心理定式，影响着青少年学生的意识和行为，学校中占主导地位的价值观、道德规范、行为模式都将被他们所内化、认同。古语云："近朱者赤，近墨者黑。"优秀的学校精神能催人自信、振作、奋进，不良的学校精神则会使人懒散、松懈、堕落。从这个意义上说，造就出奋发向上、崇尚个性和勇于创造的学校精神，形成和谐、宽松、友好的人际关系，建设公正、宽容、理解的集体舆论，是青少年学生健康发展的前提条件，也是学校体育文化建设的重心所在。从社会心理学的角度来看，学校体育文化包括正式群体文化、非正式群体文化和个体文化三个组成部分，其中正式群体文化是学校体育文化的主流，是校风构成的基本要素。因此，对于学校各级组织来说，抓好正式群体文化的建设，促使它沿着健康的轨道向前发展，可以对非正式群体文化和个体文化起到积极的导向作用，可以促进非正式群体文化和个体文化不致偏离学校体育文化的主要发展方向。例如，学校里组织的美化教室设计活动、为民服务活动等学校体育文化活动，可调动小到宿舍、大到班级、年级乃至全校学生的积极性和创造性，增强凝聚力，激发进取心，对建设良好的学校生活、学习环境和人际环境等都具有较强的促进作用，而这恰恰构成了校风建设的基础。因此，校风的好坏可以通过学校体育文化建设的成效来具体表现，学校整体素质的高低也可以通过学校体育文化建设的程度来得以验证。

第四，学校体育文化建设还是青少年学生心理发展的直接途径。青少年学生能否度过人生中的关键期，决定着教育工作的成败得失，加强优良学校体育文化的建设，是青少年学生发展的直接而有效的途径。主要有以下几点原因。

①建设学校体育文化，优化学校物质和精神环境，必然丰富青少年学

生心理活动的内容，使其在离开家庭，走向社会之前，便接受社会规范的内化和社会生活的体验，获得必要的文化归属感和认同意识，确立起正确的价值体系和道德规范，并迅速扮演起社会的特定角色。

②建设学校体育文化，势必统一、协调各种教育影响。来自大众传播、家庭文化、知识教学、德育工作、文体活动等的各类影响，都将在优化青少年生活、心理环境，创造良好精神氛围的目标下找到各自合适的位置，而不是互相冲突、抵消。这就把他们接受的信息中那些抵触性因素减至最少，避免其分裂人格的形成和心理障碍的形成。

③至关重要的是，建设学校体育文化，必将增强青少年学生在学校生活中的主人翁意识，有利于形成良好的性格和自我接受态度。平等、和谐的师生关系、健康公平的集体舆论，有助于他们摆脱学校中的从属地位，代之以主体地位的确立，并在各种文化活动中升华自己的感情，发展自己的创造力，强化自己的批判意识。而这一切，又将促进学校环境的进一步优化，形成良性循环。

总之，学校体育文化是青少年学生身心发展的亚文化系统。作为教育改革的重要组成部分，建设学校体育文化，是对狭隘、僵化的教育指导思想的彻底否定，也是对许多教育、教学活动的更高层次的整合。学校体育文化建设为此提供了一个新的视角，使我们得以全面认识青少年发展的特点和规律，认真反思以往教育工作中出现的种种失误，并获得一种新的思想和方法。因此，我们必须充分认识到学校体育文化建设的重要意义，明确它在教育系统和社会文化系统中的重要地位，并积极努力地加以实践，为青少年的健康成长开拓出一块理想的沃土。

二、学校体育文化建设的原则

学校体育文化建设的原则是学校中领导人员、教职员工和青少年学生为实现学校体育文化建设的预定目标进行共同活动的基本要求，是学校体育文化建设过程中学校全体人员都必须遵循的行动准则。

学校体育文化建设的原则对学校体育文化建设工作具有指导作用，具体表现在以下几个方面。

①遵循学校体育文化建设的原则，能保证学校体育文化建设过程畅通行进，使前后环节顺利衔接，使各个环节和周期正常有效地运转。

②遵循学校体育文化建设的原则，能区别对待；同对象、不同内容、不同场合，去选择恰当的方法和途径、把握适度的分寸进行建设工作，收到理想的效果。

③遵循学校体育文化建设的原则，能有助于统筹安排各项工作的内容，使之形成相互联系的整体。

④遵循学校体育文化建设的原则，能促使学校体育文化建设过程中的各项制度和规章趋于合理化并最大程度地发挥其应有的作用，为学校体育文化建设的成功起到组织保证作用。

学校体育文化建设首先是人的建设。明确了这个基本指导思想后，在学校体育文化建设过程中，无论是观念形态层的学校体育文化建设，还是制度层、物化层的学校体育文化建设，都必须遵循下列原则。

（一）方向性原则

贯彻学校体育文化建设中的方向性原则，需要做到以下几点❶。

1. 在学校体育文化建设中贯彻党的基本路线和方针政策

学校一切工作都必须以建设有中国特色的社会主义理论为指导，全面贯彻党的"一个中心、两个基本点"的基本路线和培养"有社会主义觉悟、有文化的劳动者"的教育方针。学校体育文化建设作为对学生进行思想、文化与科技、道德情操与审美情趣等方面的潜移默化教育的重要途径，更应该把贯彻党的基本路线和教育方针放在重要的位置。

2. 在学校体育文化建设过程中与我国的工作重点和社会发展方向相一致

为此，学校体育文化应走出纯娱乐性、纯学术性和通俗浅显性活动的旧案，向全方位、深层次、高水平方向发展，尤其要大力开展以能力培养为目的的活动，把社会的需求化为学校体育文化主体的内在要求和主动适应。

3. 要求在学校体育文化建设过程中对学生要坚持以"正面教育"和"榜样教育"为主

引导青少年学生从小树立为人民服务的思想和科学的人生观、世界观，帮助他们正确认识社会文化和民族优秀文化，继承和发扬革命前辈的光荣传统，实现民族特色和时代精神的交融。同时，要加强党对学校体育文化建设的领导和支持，把解决方向问题和解决实际问题结合起来。通过

---

❶ 所谓方向性原则，是指在学校体育文化建设过程中必须坚持社会主义方向，坚持以马克思主义、列宁主义、毛泽东思想作为学校体育文化建设总的指导思想，坚持在学校体育文化活动中用无产阶级的政治立场、思想观点和共产主义道德品质来武装学生。

开展学校体育文化建设，青少年可以认识社会，认识人生，认识没有共产党就没有新中国的深刻道理，了解和学习中华民族源远流长的优秀文化传统和勤劳勇敢的美德，了解认识我国的国情和历史，培养爱国主义情感。因此，学校体育文化的内容、学校体育文化的方式以及学校体育文化所形成的文化环境和文化氛围，对青少年学生有着直接或间接的导向作用，深刻地影响着每个青少年的思想品德、行为规范和生活方式。大量事实证明，只有在良好的学校体育文化熏陶下，青少年学生才能把自己培养成社会主义现代化事业的建设者和接班人。

（二）系统性原则

贯彻学校体育文化建设中的系统性原则，需要做到以下几点❶。

1. 认真研究学校体育文化的层次

众所周知，学校体育文化的结构具有三个层次，因此，学校体育文化建设中必须注意层次性，研究分析三个文化层次之间的联系及其不同的作用，有侧重地运用不同方法进行建设。同时，在学校体育文化建设中，还应注意到学校体育文化的对象的层次性，即青少年学生处于不同的层次。要让每个性格不同、兴趣爱好有别、智力发展程度参差不齐的学生在学校体育文化氛围中得到全面自由和谐的发展，就要根据青少年学生的具体情况作具体分析，切忌"一刀切"。这是"因材施教"教育原则在学校体育文化建设中的具体体现，更应引起教育者的关注。

2. 认真研究学校体育文化各个子系统之间的相互渗透和相互作用

要想使整个大系统保持动态平衡和良好运转，组织该系统的各个子系统之间必须保持不断的物质、能量、信息的交换和渗透。这是系统科学的一个基本原理。据此，在学校体育文化建设过程中应该注意到不同层次间的相互作用，相互渗透，同时更要把学校体育文化的点点滴滴渗透在思想教育活动和课堂教学过程中，逐步渗透，逐步积累，真正做到从我做起，从现在做起，达到"随风潜入夜，润物细无声"的教育效果。

---

❶ 所谓系统性原则，就是指学校体育文化本身是一个系统，学校体育文化建设是一个系统工程，在进行学校体育文化建设过程中，要从整体考虑，不能重彼轻此，更不能顾此失彼。

3. 认真研究各个层次和学校体育文化不同内容的特点，有针对性地进行建设

系统分析的一个基本原则是既要考虑整体、全局的情况，同时又要考虑组成系统的各要素的特殊情况。据此，学校体育文化建设的目的、内容、方法、途径都应该科学合理，富有针对性。只有对症下药，才能药到病除，有利于建设一个良好的学校体育文化氛围。

（三）主体性原则

学校体育文化建设绝大部分要依靠青少年学生的力量，因为他们是学校体育文化的主要承受者和建设者，与此同时，学校的教职员工在学校体育文化建设中发挥着重要的主导作用。因此，他们是学校体育文化建设的主体。当然，对于社会大系统来说，一所学校本身就是该校学校体育文化建设的主体。

贯彻学校体育文化建设中的主体性原则，需要做到以下几点。

1. 坚持在学校体育文化建设过程中立足校内

尽管学校体育文化是社会文化的一部分，受着社会文化的制约，但名副其实的学校体育文化，应该而且必须立足校内。只有这样，才能充分调动师生员工参与的积极性，才能形成学校体育文化的特色，繁荣学校体育文化。当然，学校体育文化也要从社会文化和家庭文化中吸取营养，以满足师生员工高水平的文化需要，提高学校体育文化的水平。同时，在学校体育文化建设过程中，还要充分发挥学校体育文化的辐射功能，为活跃、繁荣社会文化，提高全民族的素质尽学校体育文化的作用。

总之，在学校体育文化建设中，要以学校体育文化为核心，把学校体育文化与社会文化、家庭文化统一起来，形成以学校体育文化为中心的立体化网络。在学校体育文化建设过程中立足校内，还应该充分显示出本学校的个性，体现出本学校不同于其他学校的特色，克服以往学校体育文化建设中"千人一面"的现象，比如，在以往的学校中，不论学校的性质和类型是什么样的，无一例外地都把"团结、紧张、严肃、活泼"作为学校的校风，这种现象就应该在学校体育文化建设过程中予以杜绝。

2. 坚持发挥学生和教职员工的作用

学校体育文化建设必须坚持以教师为主导，由教师对学校体育文化建设给予操作性指导，并予以适当的调控，达到潜移默化的影响效果。除了

教师要以身作则、身体力行、教书育人外，还要强调环境育人，对学校中菁芜杂陈、良莠难辨的现象，教师要给予正确引导，这种引导，主要是通过细致耐心的思想政治工作和开展有益健康、丰富多彩的文娱活动来实现的。在引导中要注意听取青少年学生的意见，根据不同年龄阶段青少年的身心特点，有的放矢地分别对待，教师应能够开出不同年龄阶段学生的文化"食谱"，实现学校体育文化的正向价值。从这个意义上说，充分发挥教师在学校体育文化建设中的主导作用，是提高学校体育文化活动质量，加强学校体育文化建设的重要条件。

另外，教师在发挥学校体育文化建设主导作用的同时，还要强化青少年学生的参与意识，帮助他们把握社会和学校的标准，结合自己的认识水平，把它内化为自我要求，并进而上升为自我教育；另外要注意从品德高尚、成绩优秀、活动能力强的青少年学生中发现、培养学校体育文化建设的骨干分子，使学校体育文化活动既能符合学生的心愿，又能符合党的要求，这是我们建设学校体育文化所追求的理想境界。

3. 认真研究学校体育文化建设主体的心理

建立良好的学校体育文化，必须对建设者的心理有一个较好的认识。我国有些研究者指出，当前学校体育文化主体，在参与和创造学校体育文化过程中所表现出来的心理大致有以下几种。

(1) 求知心理[1]。
(2) 功利心理[2]。
(3) 消遣心理[3]。
(4) 宣泄心理[4]。

---

[1] 这是相当一部分学生的心理状态，他们希望通过参与学校体育文化建设获得在课堂中学不到的知识，开阔视野，拓宽知识面，提高实践能力。他们在学校体育文化中具有较高的积极性和创造欲望，希望学校体育文化的层次再高一些，科技性、实用性更强一些。

[2] 部分青少年学生参与学校体育文化建设主要是为了证明自身的价值，满足自己表现自我的需要，所以他们参与的积极性也十分高，但他们的头脑中"英雄崇拜"意识十分强烈，对他人通常表现为不妥协、不合作的态度，比较注重竞争性强的学校体育文化内容。

[3] 一些学生只想通过学校体育文化活动来改变一下单调、枯燥的学习生活，活动活动身体，轻松一下，所以这一部分人比较注重娱乐性较强的学校体育文化活动。

[4] 这是一部分"不得志"的或"看破红尘"的学生的心理。社会现实中某些不健康的思潮，使他们的心理产生了严重的扭曲，学校教育与社会现实的差距，使他们走向人生的悲观主义，因而借助于某些政治性较强的学校体育文化活动痛陈社会弊端，宣泄心中的不满。

(5) 教导心理❶。

上述心理状态有些是有利于学校体育文化建设的，有些则相反，需要在学校体育文化建设过程中进行区别并加以正确引导。

(四) 活动性原则

贯彻学校体育文化建设中的活动性原则❷，需要做到以下几点。

坚持学校体育文化建设的活动性原则，就是要使师生在受到潜移默化影响的同时，发挥自身的主观能动性，让他们在行为实践中将道德认识、道德情感上升为道德意志和良好的行为习惯，并结合社会文化背景，紧密联系时代的要求，培养自己的现代人意识，让学校体育文化中折射出时代的烛光，反映社会的需要，这有利于青少年学生走上社会后，更好地适应社会，成为一个合格的社会成员。鉴于此，在学校体育文化建设过程中，要强调师生的实践精神，把握师生的活动环节，培养师生的参与意识，在教育、教学活动过程中，来培养和建设优良的学校体育文化。

坚持学校体育文化建设的活动性原则，要注意循序渐进地组织学校体育文化，学校体育文化建设是一个过程，不能急于求成，好高骛远，对师生提出不切实际的要求，定过高的标准，而应该有计划、有步骤地分步实现，稳扎稳打，做好长期建设的思想准备，树立整体等于一连串行动的观点。我们认为，在学校体育文化建设上，坚持的时间越长，越能显示出学校体育文化建设的价值观念。同时，在制订学校体育文化建设的计划时，要注意可行性和实际性，把长远目标和近期目标结合起来，使师生能"跳起来就能摘到桃子"，具有可操作性的特点，提出目标，分解目标，逐步实现。

坚持学校体育文化建设的活动性原则，还要注意学校体育文化活动的自然性。这就要求在学校体育文化活动和学校体育文化建设过程中淡化"教育痕迹"，减少人为因素，实施无形的、潜在的、广泛而深刻的教育，使学校教育符合青少年身心发展的要求，使青少年学生在不知不觉中接受影响。因此，学校体育文化建设要强调教育者的"无形教育"，而不是人为施教，使受教育者在不自觉中，无形地产生情感，把潜意识与意识结合起来，从而不假思索，不加抗拒地接受正确思想或去做某件事情，实现学

---

❶ 这是教师和管理者普通的心理状态。他们认为参与就是为了教导，就是为了掌舵和把握航向。所以他们对学校体育文化表现出来强烈的责任感，但有时又固执地按照自己的观念和思路去组织、设计和创造学校体育文化。

❷ 所谓活动性原则，是指学校体育文化建设是在师生的活动过程中实现的。因此，要以活动为中介来建设学校体育文化。

校教育的预定目标。

三、学校体育文化建设的目标

以全面推进素质教育为宗旨的主体性学校体育文化建设，其目标可分为宏观、中观和微观三个层次。

（一）宏观目标

宏观目标是全局性的，指党和国家及各级教育主管部门对各级各类学校体育文化建设提出的总目标。它要求学校体育文化建设必须在中国共产党的领导下，坚持走社会主义道路，坚持改革开放，代表先进文化的前进方向，贯彻党和国家的路线方针政策和教育法规，自觉抵制一切腐朽文化的渗透和浸染，在学校体育文化建设的过程中全面推进素质教育，培养德、智、体等方面全面发展的社会主义事业的建设者和接班人。宏观管理目标具有统揽全局的指导意义。

（二）中观目标

中观目标是分门别类的，是指特定学校在有关部门对各级各类学校体育文化建设原则要求基础上，提出的本校学校体育文化的建设目标。它包括学校物质文化的建设目标、学校制度文化的建设目标、学校精神文化的建设目标等。中观管理目标具有承上启下的作用，其核心是文化价值观，它决定着学校体育文化建设的内容、规模、形式和特色等。

（三）微观目标

微观目标是就特定工作或活动而言的，指学校体育文化的专兼职管理机构，对本校所开展的各方面学校体育文化建设工作所制订的具体目标。作为宏观目标和中观目标的体现，微观目标是具体化了的学校体育文化建设目标，是落实学校体育文化建设的关键。微观目标通常具有可操作性和可视性的特点，素质教育宗旨和主体性管理目标就是通过各种具体管理活动得以落实、推进的。

主体性学校体育文化管理强调，在学校体育文化活动中要给每一个学生提供充分的锻炼机会，使他们不失时机地展示自身的潜能和风采，从而最大限度地激发学生的创造性和潜力，使之成为具有创新精神和实践能力的全面发展的人才。

显然，在文化学和管理学的视野中，学校体育文化并不是仅仅作为一种背景陪衬于学校的教育教学活动中的，相反，学校体育教育教学只是学校体育文化的一部分。学校体育文化既是校园师生员工进行各种体育活动的"背景"，又是校园师生员工正进行的全部"实践"。从前者说，如同国家建设需要一个安定团结的政治局面和良好的秩序一样，青年学生的成长同样需要一个良好的学校体育文化。学校体育文化建设的出发点和归宿就是有利于学生的健康成长。确保学校职能和教育目标的实现。从后者说，学校的一切工作尤其是师生员工的正在进行中的思想和行为都在切切实实地影响学生的成长。因此，学校体育文化始终贯穿于学校体育建设的各个方面和整个过程之中。

学校体育文化建设的根本意义，就在于在学校内创造一种良好的物质、制度和精神环境，积极地影响、启迪，以至要求、规范、教育校园师生员工对人生的追求，对未来事业的向往，对人类社会的创造，对美好人格的完善，并促进社会文化不断地向前发展。

四、学校体育文化活动的组织与筹划

"凡事预则立，不预则废。""我们常常是先在想象中做什么事，然后再在现实中做什么事；先在想象中经历什么事，然后再在现实中经历那些事；先在想象中设想，我们需要什么，计划些什么，再在现实生活中得到那些事物。"学校体育文化建设工作也是如此，也需要整体规划、具体设计。

体育文化活动筹划设计的整体原则是：统筹兼顾，形成特色。事情是由人做的，人又是组织的一分子。因此，学校体育文化管理的首要任务是在明确学校体育文化管理目标的基础上健全组织、配备人员。

（一）学校体育文化建设的机构和人员

学校依据有关政策、法规的规定设立了各种职能管理机构，目的是有效地实现建设管理职能❶。各个组织机构之间既具有系统性，又具有网络的特点，彼此间的有机结合，构成了学校建设管理的组织系统。

在我国，学校中一直都有学校体育文化的管理机构——即使学校体育文化作为专门管理对象以前也是如此。因为，所有的学校管理的职能机

---

❶ 按大类分，有党群组织机构、行政组织机构；按职能分，有决策组织机构、指挥组织机构、执行组织机构、监督反馈组织机构及咨询组织机构；按工作性质分，有党政组织机构、教学组织机构、科研组织机构及后勤服务组织机构等。

构,同时又是学校体育文化的管理机构。随着学校体育文化的发展,有的学校除了原存的职能机构外,又成立了专司学校体育文化的组织机构。近年来,专司学校体育文化的组织机构有所增加,并在学校体育文化建设实践中发挥着越来越大的作用。

1. 学校体育文化工作指导委员会

它是学校设立的专门指导学校体育文化工作的机构,一般由学校党政领导和有关部门负责人组成❶。其任务是:对学校体育文化建设进行全面规划,制订学校体育文化建设的实施方案和规章制度,并在人、财、物等方面给予支持;组织和协调全校党、政、工、团的力量,在学校体育文化建设上形成合力;培养体育工作干部和体育艺术文化骨干,指导全体师生员工的体育文化活动。

2. 体育文化活动指导中心

它的主要任务是:邀请校内外体育专家、学者举办各个方面的体育讲座和作品展览,聘请专业、业余体育教练来校传授与辅导;指导师生员工开展文化艺术实践,组织和指导全校群众性体育文化活动;培训师生员工业余体育骨干,负责对体育文化指导中心人员的培训和管理❷。

它的长处是较为专业化;不足之处是只能抓体育艺术活动,不能作学校体育文化建设的整体规划。

3. 学生课外体育文化活动指导中心

它的任务是指导学生课外体育文化活动,调动全校各方面的力量,对学生体育课余文化活动给予支持,形成学生体育课余文化活动的网络。学生体育课外文化活动指导中心通常有学校领导负责、有主管单位、有活动场地、有专兼职管理人员、有学校拨给的专项活动经费。学生课外文化活动指导中心有钱、有物、有人,不足之处是:观念陈旧、视野局限。要抓好体育专业管理人才的培养和引进。

---

❶ 学校体育文化工作指导委员会是学校文化工作的最高专门机构,有较高权威,但该机构较松散,一般不再设专门办事机构和专职人员,只是定期或不定期地就学校体育文化建设方面的有关问题进行研究,做出决定,然后交有关部门办理,对学校体育文化的实际活动缺乏约束力。

❷ 它是学校对师生员工(主要是学生)进行文化艺术指导的机构。它通过对体育文化艺术活动的指导,来创造良好的学校体育文化艺术氛围,达到以体育来育人、全面塑造学生的目的。

4. 学校体育文化建设指导与实施中心

它的任务是对学校体育文化建设进行较全面的规划并负责具体落实、分步实施；具体指导全校师生员工的体育文化活动，指导开展经常性的群众体育文化活动；组织全校大规模的综合性体育文化活动（如体育艺术节）。

学校体育文化建设指导与实施中心有利于阶段性工作任务的实施，不足之处是往往只抓学生忽略教职工，难以形成学校体育文化建设的持续、综合效益。

除学校体育文化的专门建设管理机构外，学校还有学校体育文化的职能管理机构，如党支部、校长办公室、校工会、校团委、学生会以及教务处、政教处、总务处等，大家都在各自的工作范围内，不同程度地承担着建设学校体育文化的责任。

5. 学校体育文化管理者

它是指学校体育文化专门管理机构和学校职能机构中专兼职从事学校体育文化管理工作的学校管理人员和其他师生员工。学校体育文化管理人员是学校体育文化活动的领导者、组织者，这支队伍素质的高低，直接决定着学校体育文化活动的方向、水平和品位。

如今，相当一部分学校，在校园文化管理人员上都存在数量不足、队伍不稳和素质不高的问题。这些问题的存在与素质教育的全面推进不相适应，与蓬勃发展的学校体育文化要求不相适应，与"文化模式"作为一种新的管理理念不相适应。当务之急是采取切实措施改变不利局面。具体措施如下。

（1）核定编制，调整职能

核定编制与上面提到的"健全组织"是紧密联系的，没有足够数量的学校体育文化干部，要在数千乃至上万以上规模的学校组织、指导丰富多彩、健康有益的学校体育文化活动，加强学校体育文化建设，是根本不可能的。当然，说到编制并不是简单地去增添多少专职岗位，而是说要在充分认识学校体育文化的重要性和特点的基础上，以新的管理理念对传统的管理职能进行调整和融合，使学校体育文化管理成为学校管理中的一项经常性职能。

（2）知人善任，配足人员

对教师来说，"只有无能的教师，没有无能的学生"；同样，对于管理者来说，"只有无能的管理，没有无用的人才"。这句话告诉我们，人才是有的，就在我们周围，就在现实生活中，只是因为我们有种种偏见，致使我们对周围的人才视而不见。"丢掉错误的观点，干部就站在面前了"。在现实生活中，各有所长者比比皆是，但没有短处的完人是不存在的。从人才成长的规律和表现看，有才的人往往具有某些独特的个性。可见，领导者要有识人之智、容人之量、用人之策，否则，真正的人才往往会被埋没，队伍的稳定也就成了一纸空话。特别是在目前我国学校体育文化专业管理人才缺乏的情况下，更是如此。

（3）提升素质，稳定队伍

要提升学校体育文化管理人员的综合素质，领导者还要有育人之心。育人的核心是爱护和培养。我们认为应通过教师身份的专职管理人员的稳定来"稳定队伍"，用"常胜的将旗"来统帅"流水的兵"是保持活动连续性和队伍活力的基本策略。

（二）学校体育文化活动的筹划

学校文化有"静态文化❶"与"动态文化❷"之分。美国教育家杜威早在1916年出版的《民主主义与教育》一书中就提出过类似概念❸。

面对如此丰富多彩、形式多样的学校体育文化活动，要确保其有效开展，必须通盘考虑，整体筹划。

1. 整体部署，阶段实施，突出实效性

学校体育文化活动因类型不同分属各专兼职管理机构管理，活动的开展也由不完全相同的管理机构负责实施，常常造成事实上的多头管理、多头活动的局面。因此，学校体育文化活动必须在学校统一领导下，全面规划，整体部署，分阶段、分部门具体负责实施。在活动内容、活动时间、活动方式、活动场所、活动经费等方面尽可能取得均衡，多开展一些校园主体特别是学生主体喜闻乐见的学校体育文化活动、增强活动的实效性。

2. 突出主题，兼顾其他，学会"弹钢琴"

不同类型的学校体育文化主体的需要多种多样，各专兼职管理机构所

---

❶ 所谓"静态文化"，指的是诸如校园的自然环境、教育设施、结构布局和一切对学生具有直接或间接教育感染作用的因素。

❷ 所谓"动态文化"，指的是学术、科技、体育、艺术、娱乐等各类动态活动。

❸ 杜威认为，学生在学校可同时通过两种教育，获得两种知识，"一种是有意识地学到的知识，一种是无意识地学到的知识"。前者指的就是通过教师专门的传授学到的知识，后者是指学生受到环境的熏陶、感染和通过人际交往在品格的形成过程中逐渐吸收到的知识，即今天我们常说的"文化"，放在学校中，即"学校文化""学校体育文化"亦即此理。

从事的学校体育文化活动的侧重点各不相同,校园体育文化活动的内容丰富多彩,形式也各有不同,每一次活动都会表达一定的主题思想和教育意义。不管何种类型的学校体育文化活动,侧重点有何不同,但都要弘扬同一个主题——学校体育文化精神,各种学校体育文化活动都要在这种精神的统揽下进行。

3. 面向主体,寓教于乐,凸显教育性

营造和参与学校体育文化活动的师生员工是学校体育文化活动的主体,密切联系校园人的生活、工作、学习的实际是学校体育文化活动的内容与形式。面向广大师生特别是学生群体,要能反映广大师生员工的需要,反映火热的学校体育文化;内容要健康向上,具有启迪性,凸显教育性;活动形式要生动活泼,适合校园人尤其是青少年学生的心理特点,寓教于乐。

目前,"办出特色"问题已引起了各级领导的注意。中共中央、国务院颁发的《中国教育改革和发展纲要》明确要求:各级各类学校都要办出各自的特色。学校体育文化建设也不例外。

判断一个学校是否办得有特色,包括学校体育文化是否有特色,关键是要看它是否差不多同时具备以下主要特征:

①独特性❶。
②统一性❷。
③标志性❸。
④积淀性❹。
⑤稳定性❺。

就当前学校体育文化的整体发展和开展活动的情况看,尽管许多学校在学校体育文化活动开展之前都要进行认真的筹划设计,但是,各级各类学校的体育文化建设并未充分显示出各自特色,相当一部分学校不仅没有体现各级各类学校的历史背景、学校结构、培养目标的不同,从而使其具

---

❶ 其风格是独有的、特别的、不同一般的。是在一定价值指导下的刻意追求。
❷ 体现为内在的文化价值观与外在的表现形式的有机统一。
❸ 具有代表性和典型性,代表这一领域的发展方向和较高水平。
❹ 任何特色的形成都经过不断的比较、筛选,是在历史积淀基础上提炼而成的。有一个积累、发展的过程。
❺ 在历时性上该风格代表事物的某种发展趋势,能持续一段时间。一言以蔽之,特色就是在遵循规律基础上的个性化的操作风格。用商人的经营理念或术语说,就是"人无我有、人有我优、人优我精"。

有鲜明的个性特征，而且也没有能注意凸显各学校自身的特点、历史的渊源和发展的趋势，学校体育文化的活力不显、个性不彰，而所谓"活动"则出现千校一面，趋于一般化、大众化的局面，这将不利于各学校最终形成具有各自特色的学校体育文化。

五、学校体育文化活动的指导与协调

学校体育文化活动的组织实施主要应做好组织、指导和协调工作。

（一）组织资源

"巧妇难为无米之炊。"学校体育文化管理与任何其他管理一样都要有资源❶。而组织资源是学校体育文化活动开展必须具备的先决条件之一❷。

设立学校、开展教育活动和学校体育文化管理活动，必须要有"力"的投入，即提供资源条件。人、财、物是基本要素，是物质性的，其中，人是能动性的物质资源，财、物是非能动性的物质资源。财、物由人掌握、支配和使用才得以发挥作用。因此，在人、财、物三要素中，人力资源又是最主要的。时间、空间、信息是特殊资源，是学校体育文化建设活动中不可缺少的要素。学校体育文化管理中人、财、物诸要素的活动，总是在一定的时间流程之中和在一定的空间范围之内进行的，而信息则是在其间起着沟通性作用的要素。学校中人力、财力和物力是由社会通过各种渠道提供的，因此，学校不能被动地等待接受社会提供人、财、物等物质资源，而应主动地通过各种方式去争取这些资源。但是，有了人、财、物、时间、空间、信息也只是一种条件，如果使用不当，学校体育文化建设活动仍未必会有明显的成效，甚至可能造成资源的浪费。为此，就需要认真地把人、财、物这些资源管起来。

在学校体育文化管理中，人、财、物以及时间、空间、信息诸要素并不是孤立地存在着的。在学校中，直接作用于受教育者的是各种丰富多彩的学校体育文化活动。学校体育文化作为一种文化形态，就是在各种活动中对学生价值观念、道德情操和行为模式的形成发展发挥影响的。

学校体育文化建设尤其要注意利用各种"积极的体育教育活动资源"，

---

❶ 这里讲的"资源"，是人力、物力、财力、信息、时间、空间等要素的统称。其中，人力、物力、财力是基本资源，时间、空间、信息是特殊资源。

❷ 在这里，"组织资源"既是一个名词，又是一个动词。没有组织资源，学校体育文化活动就成了无源之水、无本之木；不组织资源，就无法使学校体育文化活动现实地运作起来，组织资源决定着学校体育文化活动的内容、规模、形式和水平。

如通过开展学校体育史教育，增加师生对学校的热爱之情，激发其责任感和使命感；同时，邀请杰出体育校友回校访问做报告，利用他们的体育事迹教育学生，用榜样示范引导师生确立正确的信念等，这些方方面面的大大小小的工作，构成一件件各有特定任务的"事"，它们都以学校工作目标为核心。学校体育文化管理的任务之一，就是研究对它们的整合，并在学校体育文化理念的指导之下实施统筹管理。

学校体育文化的组织资源从封闭型的孤芳自赏到开放型的多校资源共享，已成必然趋势。21世纪的学校体育文化建设活动及其管理就是处在这样一个时代，数字化的多媒体网络通信逐渐成为一种普遍性的大众技术，传统意义上由单校土生土长的校园文化现象，将随着网络信息快速传送到四面八方，多校共享先进的学校体育文化已成可能，学校体育文化将由相对封闭逐步走向全面开放，新的机遇和挑战同时等待着我们。

（二）指导工作

所谓"指导"，就是学校领导者对所属部门或部属进行引导、开导和具体帮助的意思。在学校体育文化管理中进行适当指导是客观的需要、是学校领导者的一项基本工作。所谓"教师的教师"就是这个意思。为什么需要指导呢？

一项管理工作，尽管目标规定了标准，计划提出了方法和要求，但在实施过程中，难免会出现这样或那样的问题：如有的人不理解工作的意义，领导者就要及时给予指点，使这些人进一步明确为什么做，做什么，达到什么程度，避免他们继续盲目行动；有的人缺少工作方法，领导者就要具体帮助，使他们知道怎么干、用什么办法干，避免继续无效或低效的行动；有的人责任心不强造成工作失误或责任事故，领导者就要进行启发、开导和批评，使这些人认识到错误在什么地方，如何改正和避免发展成更大的错误。

学校体育文化建设的指导首先要洞察背景。校园是社会的敏感区，社会文化的任何变动都会波及校园。人类已经进入21世纪，当前，我国不仅面临着新技术革命和激烈的国际竞争，还面临着经济体制和主流文化转型带来的剧烈变化；国际国内大环境从文化价值、道德观念到生活方式等各个方面都对校园产生了深刻的影响。其正面影响主要表现在人的主体意识的觉醒，自主观念、竞争意识、参与意识、法制观念都大大增强，进取开拓和拼搏精神得到激发，生活内容丰富、娱乐样式增多，人际交往、社会交往能力得到了不同程度的发展；其负面影响比较集中地表现为学生价值取向的功利化和实用化、生活格调的低俗化以及消极颓废的人生态度。

面对这种复杂的环境,中共中央在《关于进一步加强和改进学校德育工作的若干意见》中指出,要"重视学校体育文化建设,大力开展学生喜闻乐见的、丰富多彩的、积极向上的学术、科技、体育和娱乐活动,建设以社会主义和优秀的民族体育文化为主体、健康生动的学校体育文化。要努力净化学校体育环境,抵制低俗文化趣味和非理性文化倾向,引导学校体育文化气氛向健康方向发展,在整个社会精神文明建设中,学校应成为最好的小环境之一,并对大环境的优化做出积极贡献。"

1. 学校体育文化建设的管理指导要有明确的指导思想

众所周知,学校体育文化具有自由度大的特点,但是,自由决不意味着不要引导。学校体育文化是无声的思想工作,良好的文化氛围能让人们在不知不觉中自觉自愿地接受教育,这便是"此时无声胜有声"的教育艺术的力量。

2. 学校体育文化建设的管理指导要思路清晰、重点突出

学校体育文化建设的管理指导要思路清晰、重点突出、方法得当,加强学校体育文化的建设和管理,要克服追求短期经济效益,忽视长期社会效益的倾向,注意引导学校体育文化在物质、精神、制度三个方面均衡发展,发挥学校体育文化的整体优势,可以通过以下几种方法。

①要通过多渠道增加投入,进一步整治和美化校园环境,兴建更多更好的教学、生活和文化体育设施。

②要坚持不懈地抓好教风、学风建设,把体育风气建设作为学校体育文化建设的重点工程来抓。

③要树立全员意识,完善政策导向,充分发挥教书育人、管理育人、服务育人的作用。

④要进一步建立和健全学校的规章制度,尤其是建立健全的学校体育文化的竞争激励机制。

⑤加强对校园主体的道德教育和法纪教育,形成教师严谨教学,学生勤奋好学,勇于创新,敢于竞争的良好风尚。

⑥通过学校体育文化的整体化建设、引导,促进学生的全面成长。

3. 学校体育文化的管理要讲究方式方法

学校体育文化的管理要讲究方式方法,要依据一定的教育目的精心筹划和组织实施,决不可以放任自流;要开展形式多样的艺术活动,提倡寓教于乐;坚持思想性、知识性、娱乐性相结合的方针,不断提高层次和水

平，体现文明、高雅、活泼的特色；要加强对学生社团活动的指导，坚持正确方向，引导他们开展格调高雅、健康有益的体育文化艺术活动。新建的社团必须按规定报批、注册，并聘请业务素质较好的体育老师加以指导——领导者和教师的积极参与就是最好的指导。

(三) 协调作用

所谓"协调关系"，就是为实现目标、完成任务而对各项工作和各种活动加以统一调节，使之配合得当的管理活动。由于组织中的各类人员都有各自的工作目标和任务，由于种种原因，人们往往注意自己目标的达成和任务的完成，而忽视别人和别的部门的要求。在这种情况下，很容易产生"各自为政"的现象。部分离开整体就失去存在的价值，上述"各自为政"的现象，如果不加以抑制和调控，必然要影响甚至破坏组织的总目标、总任务的实现。要改变这种情况，协调关系是必不可少的。

学校体育文化管理中组织协调的内容，一般是难以事先规定的，应根据所发生的事件及出现的矛盾，有什么故障便协调什么故障，有什么矛盾便解决什么矛盾；但在学校中，经常需要协调的大体有这样几个方面的内容。

①对领导班子内部分歧的协调。通过协调，做到统一认识，统一指挥，团结合作、支持理解；

②各个部门之间的协调。通过协调，做到互相支持，共同配合；

③教职工之间的协调：通过协调，做到志同道合、团结一致、和睦相处、合作共事。

此外，还可从人与事、事与事、人与物、事与物、事与时间的角度进行协调，尽可能做到人员组合恰当、财物配置适宜、前进步伐合拍。学校组织还需要协调好与外部的联系，主要是协调好与上级领导的关系，社区的周边关系、与学生家庭的关系等，从而增强办学的助力，减少办学的阻力。协调的方式很多，经常运用的有下述四种。

1. 会议协调

这是学校管理者常用的方法。协调性的会议一般有两种。一种是信息交流会议❶；另一种是解决问题的会议❷。

---

❶ 用来向各处、室、班、组说明任务、目标、方案和要求等，大家了解了情况，工作中就可能减少矛盾和冲突。

❷ 就某些问题请有关方面共同协商，寻求解决的办法。

2. 文件协调

也称"制度协调",即对那些带有普遍性、规定性、强制性的问题,在调查研究的基础上,研究制定文件或制定出工作规范,规定该怎么做,不该怎么做,并通过权力机关将文件下发,以此来协调矛盾,理顺关系,保证活动顺利开展。

3. 现场协调

即召开"现场会",就是把有关人员带到发生问题的现场,请有关人员申述产生问题的原因,与会者共同讨论,寻求解决问题的办法。现场协调容易迅速统一认识,解决问题,改进工作。

4. 结构协调

即通过调整组织结构,完善职责分工等办法来协调,结构协调一般用来协调那些处于部门与部门之间的"结合部"的问题以及诸如分工不明确、职责不清楚所造成的"扯皮""踢球"等方面的问题。

总之,学校的人际关系主要由领导、教师和学生组成,而师生关系往往能反映出一个学校的人际关系,师生关系的好坏主要取决于教师。优化人际环境是协调好学校体育文化活动关系的根本保证。

第六章　学校体育文化体系的建设

校园体育文化包括物质文化、精神文化和制度文化三个层面的内容，发展校园体育文化必须注重这三个层面的构建。我国校园体育文化发展过程中存在诸多问题，不利于校园体育文化的发展。因此，有必要对这些问题深入分析和研究，以促进校园体育文化体系的科学构建。

第一节　学校体育物质文化层建设

一、物质文化的要素

（一）体育活动方式

正如"生命在于运动"这句话所说，运动是人类发展的灵魂，只有通过参与各种运动形式的活动，人们才能对其进行改造和完善，如锄草、耕田、插秧、纺织、印染、锻造等各种农业和工业的劳动动作，都是人们满足基本生活的活动方式。身心健康是人们参与体育活动所要达到的目的，它既没有脱离人类的劳动方式，同时也是对人类劳动方式的一种补偿。

随着人类社会文明程度的提高，以追求提高劳动和工作效率与能力为目的的体育活动方式日益繁荣，它已经成为满足各种精神需要的极具生命力的一种活动方式❶。

（二）体育器材和场地设施

事实上，在整个历史发展过程中，通过自身的力量进行创造来满足自身的各种需要，也是人类最基本的一项活动。在人类的各种需要中，由于

---

❶　例如，人们通过跑步来缓解和调节工作带来的紧张情绪；通过打网球和篮球来增强体质；通过观看足球比赛来放松和宣泄情绪等，这些都是体育活动的方式。

体育是一种以精神为内核的需要，与人类的其他需要相比，人类对体育方面的需要出现得相对较晚。但是，人们并没有减少对满足自身全面发展而创造的欲望❶。

随着人类需求的丰富和升华，对于高层次精神需要的满足所需要的创造动力将愈加强劲，这必将极大地推动着体育物质用具和设施的发展。

（三）关于体育发展所创造并形成物质的各种思想物化品

体育物质文化中的最高层次部分就是创造并形成物质的各种思想物化品。在体育物质文化中，其范畴也包含了由人们的体育意识和观念直接形成的物质产物，并且这种形式的物质产物要高于直接充当体育活动方式载体的体育设施和用具，如体育法规制度、体育比赛录像带、裁判法、体育歌曲 CD 等。总的来说，体育物质文化是指在体育文化诸现象中实际存在、有形有色，可以直接感知的事物。它不仅包括各种体育器材、体育用品和体育场地，而且还包含具有深刻思想内涵的物质成果。形态的物质性、功能的基础性、表现的易显性是体育物质文化与体育制度文化、体育精神文化相区别的三个方面。体育物质文化是指内涵和功能具有物质性的活动，如体育电影片。

事实上，体育物质文化是体育精神文化的投影，其中沉淀了人们的精神、欲望、智慧等，体育物质文化是体育精神的物化。所有由体育目的和需要而作用的物质对象及人类生活方式都可以视为体育物质文化。体育文化是对体育水平的直接反映，在一定程度上也间接地反映了社会生产力的发展水平。

体育物质文化主要是指体育文化各种存在形式中，能够直接感知的事物。例如，款式各异的运动服装和风格独特的体育场馆都是体育物质文化的内容，它们不仅能够直接被感知且具有明显的物质功能性。动感形象的体育雕塑、设计精巧的体育器械也都属于体育物质文化的范围，它们客观存在的同时还具有很强的表现性。

二、我国高校校园体育物质文化建设探析

校园体育的物质文化是校园体育文化建设的重要基础。高校良好的体

---

❶ 例如，人们为了满足自身体育运动的需要，建了田径场、体育馆、足球场等场地设施以及创造出网球拍、雪橇、游泳镜等体育器材，这不仅成为人类诸多物质用具和设施中耀眼的部分，也加入了更多新的高科技元素。

育教学设施、功能齐全的运动器材设备能够使得学生获得更好的体育文化熏陶，从而更有利于体育文化的发展。在校园体育物质文化建设过程中，应将物质文化作为体育文化建设的重要方面，促进软件、硬件的共同发展。具体而言，校园体育物质文化的建设应注意以下几方面的内容。

（一）注重经费投入

促进校园体育物质文化的发展需要加强相应的场地设施方面的建设，而这需要进行相应的经费投入。我国对高校体育场馆、设施有着一定的要求（表6-1至6-3）。

表6-1　在校学生（含研究生）为10000人及以下规模的普通高等学校体育场馆设施配备目录

类别	室外场地设施	室内场地设施
基本配备类	一、面积（生均4.7平方米） 二、设施内容 1. 必配类 （1）400米标准田径场（内含标准足球场）1块。 （2）25米或50米标准游泳池1个。 （3）篮球场、排球场、网球场共35块以上。 （4）健身器械区若干。 2. 选配类 结合学校的人力、财力及学生的兴趣、爱好选择其他设施内容。 三、基本要求 （1）400米标准塑胶田径场（人造草或天然草）。 （2）25米或50米标准室外游泳池，具有完整的一套供学生更衣、冲洗的设施。 （3）篮球场、排球场、网球场全部进行硬化或绿化。	一、面积（生均0.3平方米） 二、设施内容 1. 必配类 （1）风雨操场1个。 （2）健身房（室内活动用房）面积若干。 （3）固定的学生体质健康检测场所。 2. 选配类 （1）乒乓球（羽毛球）室1个。 （2）多功能综合健身房1个。 三、基本要求 （1）地面为平整土质。 （2）各专项用房地面均为木质或塑胶。 （3）通风和采光良好。

(续表)

类别	室外场地设施	室内场地设施
发展类	一、面积（生均5.6平方米） 二、设施内容 (1) 400米、300米田径场（内含足球场）各一块。 (2) 标准室外25米或50米游泳池1个（或轮滑、滑雪场地1片）。 (3) 篮球场、排球场、网球场、非规范足球场30块以上。 (4) 体操、武术、散打、健身器械区若干。 (5) 野外活动（登山、自行车、冲浪）基地1处。 (6) 按学校传统和资源自主选择发展类项目。 三、基本要求 (1) 400米塑胶田径场1块。 (2) 标准的25米或50米室外游泳池，其中配置更衣室、冲洗房等完整设施。 (3) 篮球场、排球场90%硬化（沥青地面），其中40%以上为塑胶或人工草皮地面。 (4) 网球场至少一块为塑胶地面。 (5) 其他项目的设施配置适合活动的基本要求。	一、面积（生均0.4平方米） 二、设施内容 (1) 体育馆1座。 (2) 风雨操场面积若干。 (3) 乒乓球（羽毛球）室1个。 (4) 多功能综合健身房1个。 (5) 固定的学生体质健康检测场所。 三、基本要求 (1) 体育馆1座。 (2) 风雨操场地面为塑胶或沥青。 (3) 其他室内运动场地地面均应满足该项运动的要求。 (4) 良好的通风、采光、照明等条件。

表 6-2 在校学生数（含研究生）为 10000—20000 人规模的普通高等学校体育场馆设置配备目录

类别	室外场地设施	室内场地设施
基本配备类	一、面积（生均 4.7 平方米） 二、设施内容 1. 必配类 （1）400 米田径场（内含足球场）2 个。 （2）25 米×50 米标准室外游泳池 1 个。 （3）篮球场、排球场、网球场 60 块以上。 （4）武术、健身器械区若干。 2. 选配类 结合学校的人力、财力及学生的兴趣、爱好选择其他设施内容。 三、基本要求 （1）400 米塑胶田径场 2 个。 （2）天然草皮或人工草皮足球场 2 块。 （3）25 米×50 米标准室外游泳池，具有一套完整的供学生更衣、冲洗的设施。 （4）篮球场、排球场、网球场地 100% 硬化。 （5）网球场地 50% 塑胶。 （6）其他设施符合某项目活动的相应条件。	一、面积（生均 0.3 平方米） 二、设施内容 1. 必配类 （1）综合多功能体育馆 1 座。 （2）50 米室外游泳馆 1 座。 （3）风雨操场 1 个。 （4）固定的学生体质健康检测场所。 2. 选配类 （1）跆拳道室（健美操房）1 个。 （2）乒乓球房（羽毛球房）1 个。 三、基本要求 （1）体育馆座席不少于 3000 座。 （2）游泳馆座席不少于 600 个。 （3）各专项用房地面均为木质或塑胶。

(续表)

类别	室外场地设施	室内场地设施
发展类	一、面积（生均5.6平方米） 二、设施内容 (1) 400米标准田径场3～4块。 (2) 足球场地3～4块。 (3) 篮球场、排球场、网球场70～80块。 (4) 50米室外游泳池2个（或轮滑、滑雪场地2片）。 (5) 体操、武术、散打、健身器械区若干。 (6) 野外活动（登山、野营、滑水、帆板、自行车、冲浪等）基地1处。 (7) 攀岩场地2块。 (8) 棒球（垒球）场地2块。 (9) 民族传统项目活动区若干。 三、基本要求 (1) 400米田径塑胶场3块。 (2) 天然草皮或人工草皮足球场3个。 (3) 篮球场、排球场硬化面积100%（沥青地面），其中塑胶地面或人工草皮面积80%以上。 (4) 网球场地70%以上为塑胶地面。 (5) 25米×50米室外标准游泳池配置更衣室、冲洗房等完整设施。 (6) 其他项目的设施配置。	一、面积（生均0.4平方米） 二、设施内容 (1) 多功能综合体育馆1座。 (2) 风雨操场2个。 (3) 乒乓球、羽毛球室内房1个。 (4) 50米游泳馆1座。 (5) 手球场地1个（可与篮球场地共用）。 (6) 拳击、防身术、形体场地1处。 (7) 壁球室4处。 (8) 固定的学生体质健康检测场所。 三、基本要求 (1) 综合体育馆座席不少于4000座席。 (2) 25米×50米标准游泳馆，其座席不少于600个。 (3) 其他室内运动场地地面均应满足该项运动的要求。

图 6-3 在校学生人数（含研究生）为 20000 人及以上规模的普通高等学校体育场馆设施配备目录

类别	室外场地设施	室内场地设施
基本配备类	一、面积（生均 4.7 平方米） 二、设施内容 1. 必配类 （1）400 米田径场（内含足球场）4 个。 （2）篮球场、排球场、网球场 80 个。 （3）25 米×50 米室外游泳池（轮滑、滑雪场地）2 个。 （4）武术、健身器械区若干。 2. 选配类 结合学校的人力、财力及学生的兴趣、爱好选择其他设施内容。 三、基本要求 （1）400 米塑胶田径场 4 个。 （2）天然草皮或人工草皮足球场 4 块。 （3）25 米×50 米标准室外游泳池，具有完整的供学生更衣、冲洗的设施。 （4）篮球场、排球场 90% 硬化。 （5）网球场地 80% 塑胶。	一、面积（生均 0.3 平方米） 二、设施内容 （1）多功能综合体育馆 1 座。 （2）50 米室内游泳馆 1 座。 （3）风雨操场 2 个。 （4）室内单项运动场地若干。 （5）固定的学生体质健康检测场所。 三、基本要求 （1）体育馆座席不少于 4000 座。 （2）游泳馆座席不少于 600 个。 （3）各专项用房地面均为木质或塑胶。

(续表)

类别	室外场地设施	室内场地设施
发展类	一、面积（生均5.6平方米） 二、设施内容 (1) 400米田径场在基本配备类标准的基数上每增加5000人增设1个。 (2) 足球场地在20000人发展类标准的基数上每增加5000人增设1个。 (3) 篮球场、排球场、非规范足球场、网球场在20000人发展类目录的基数上每增加500人各增设1个。 (4) 50米游泳池（轮滑、滑雪场地）在20000人发展类目录的基数上每增加10000人增设1个。 (5) 体操、武术、散打、健身器械区若干。 (6) 野外活动（登山、野营、滑水、帆板、自行车、冲浪等）基地1块。 (7) 攀岩场地2块。 (8) 棒球（垒球）场地在20000人发展类目录的基数上每增加10000人增设1个。 (9) 民族传统项目活动区若干。 三、基本要求 (1) 400米塑胶田径场占田径场数目的2/3以上。 (2) 天然草皮或人工草皮足球场占足球场数目的2/3以上。 (3) 篮球场、排球场硬化面积100%（沥青地面），其中塑胶地面或人工草皮面积80%以上。 (4) 网球场地90%以上为塑胶地面。 (5) 50米室外标准游泳池配置更衣室、冲洗房等完整设施。 (6) 其他项目的设施配置适合于项目活动的基本要求。	一、面积（生均0.4平方米） 二、设施内容 (1) 多功能综合体育馆2座。 (2) 风雨操场3个。 (3) 乒乓球、羽毛球室内房2～3个。 (4) 25米×50米游泳馆在20000人发展类目录的基数上每增加20000人增设1个。 (5) 各单项均有专用的室内运动场地。 (6) 满足每单元开课学生室内的教学需要。 (7) 固定的学生体质健康检测场所。 三、基本要求 (1) 综合体育馆座席不少于5000座席。 (2) 每个风雨操场面积不少于2000平方米。 (3) 每个综合健身房不少于300平方米。 (4) 每个标准游泳馆，其座席不少于600个。 (5) 每个乒乓球、羽毛球练习房不少于300平方米。 (6) 每个拳击、防身术、形体场地不少于300平方米。 (7) 其他设施标准同前。

当前，我国很多高校体育场馆是达不到要求的，不仅数量不足，而且质量不能够保证。高校体育教学配套设施不健全。在教学过程中以户外教学为主，相关的运动场馆不足，因此，对于雨雪天的体育教学没有相应的对策。体育物质文化的短缺导致了学校不能给学生提供相应的感官刺激，体育运动对学生的影响力减小。

现代社会不断发展，人们对体育活动的要求也逐渐提高，求新、求乐、求美成为很多学生的需求。而由于学校体育设施的不足，使得学生的需求不能得到满足。

学校体育场馆设施建设落后最为直接的原因是体育经费投入不足。因此，高校应转变观念，增加体育方面的经费投入，将体育设施作为评价校园教育环境的重要方面。建立相应的校园评估体系，将体育设施建设作为考核内容，促进学校在体育场馆实施方面的投入增加，从而形成高质量的校园体育物质文化。

（二）提高体育物质设施的利用率

我国体育场地设施资源相对较为短缺，而随着人们生活水平的不断发展，大众体育人口将会逐渐增加。在这一状况下，高校应积极发挥体育场地设施资源优势，积极适应体育市场的发展，促进体育场馆的市场化经营，从而促进高校体育更好地发展。

学校应积极改善体育场馆的经营管理状况，积极促进体育场馆设施的对外开放，提高体育场馆的利用效率。高校体育场馆的运营管理中，存在着学生和社会使用者之间的矛盾：学生要进行上课健身训练，社会健身者也要使用体育场馆，这无疑形成了一定的矛盾。从长期来看，学校体育场馆都会向居民收取一定的费用。针对不同的使用对象和时间段采用不同的收费标准。

在一定程度上，把高校体育场馆的使用效率提高，促进体育场馆的市场化过程中，应杜绝以纯营利为目的，而应该在"以教学为主、创收为辅"的前提下进行。与公共体育场馆相比，高校体育场馆同样面临着多重任务，不能为了营利而影响教学，但是也不能紧闭校门。

具体而言，应注意以下两方面。

①注意体育馆的开放时间，避免与学生体育学习和锻炼的时间冲突。一般情况下，学生在节假日使用体育场馆较少，而社会大众在这些时间锻炼的时间相对较多。高校可利用这一特点，在这一时间段向公众开放体育场馆，满足大众的需求。另外，学生的体育课多集中在上午、下午，可在早晨、中午、晚上等时间段向社会开放体育场馆。

②在开放的运动场馆类型方面要有所侧重。高校的体育场馆首先应满足学生的需求。在体育场馆的对外开放时，可针对学生进行调查研究，确定学生喜爱的运动项目，在课余时间减少这些项目的体育场馆的开放，保证学生的运动健身锻炼。而对于学生参与人数较少的运动场馆，可增加开放时间。

当然，各高校可以依据学校的具体情况，合理地对体育场馆开放的时间和体育场馆的类型进行安排，要做到整体规划、合理布局、细致安排，从而最大限度地促进体育场馆设施的利用效率，促进社会效益与经济效益的共同发展。

（三）体育物质设施的建设要体现一定的文化底蕴

校园体育文化的重要载体和它的外在标志是校园体育物质文化。校园体育物质文化建设的重要目的是促进校园体育文化综合的发展，物质设施的建设应体现文化底蕴。校园物质文化中因包含精神文化，忽视精神文化的建设会使得物质文化流于形式。

在高校体育物质文化建设过程中，应提升文化品位，体现和谐、美观的环境。体育场地实施应与学校的办学理念和态度相契合。场地器材应与学校所处的环境和气候相适应，并对场地器材进行灵活的空间组合。体育场地实施应具有一定的艺术美感，丰富学校的文化环境和校园体育文化内涵，促进师生参与体育健身锻炼积极性的增加。

第二节　学校体育精神文化层建设

一、校园精神文化的要素

体育精神文化是指人类借助于体育或者以体育为依托的主观世界改造的活动以及产物。体育精神文化包括以下四个方面的内容。

（一）思想观念和理论体系

由于体育是一项以改造人的身心为目的，促进身心全面发展的活动，因此，它需要在多个方面和不同的层次上做出科学的阐释。体育学科是在体育活动的理论需要背景下产生和发展起来的，如体育史学、体育经济学等。这些体育学科和一些体育领域的研究主要是通过书面的形式呈现的。

体育学科专著的出版是体育学科发展的重要标志。

（二）精神世界的物质内涵和行为准则

体育精神文化将体育物质文化和制度文化紧密相连，是其与一般文化最基本的区别。例如，体育谚语、运动训练、体育器材、体育服饰等，这些都属于这一层次的体育精神文化。

体育精神文化属于行为文化的范畴，它与体育物质文化和体育制度文化有着十分微妙的区别。就一件运动服装来说，从体育物质文化的层次，可以对它的质地、型号、颜色等进行欣赏；从体育精神文化的层次，可以注意其展示的体育民族个性、审美情趣等因素。在运动训练中，我们观察和注意的是它的外在身体运动的场面表现等体育物质文化，注意它的教学传授方式与人际关系等体育制度文化，注意它的训练原则与指导思想等体育精神文化。仅从一个角度和层面是无法将体育的物质、制度和精神文化区分清楚的，三者是紧密相连、密不可分的。

（三）通过体育改造人的主观世界的想法和打算

一般情况下，体育精神文化是指体育活动中所依附的思想意识形态的总称，如科学、心理、哲学、道德规范、审美观念、文学艺术等。在体育文化中传承的社会心理、道德规范、科学、哲学、宗教信仰、审美评价和文学艺术等思想意识形态领域的反映，均属于体育精神文化。竞技体育的文化价值是在弘扬主体精神、竞争观念、民族意识、科学态度等人类基础价值观念中体现出来的，它是体育精神文化的重要内容。例如，亚运会的拼搏进取、团结奋进、科学求实、祖国至上、争创一流的精神，中华体育精神等都是体育精神文化中的精华。

（四）通过抽象的声音、色彩等表现体育精神的艺术文化

需要我们注意的是，人类把握世界不能仅靠只有物质和精神的单一形式，而且还要把握精神物化的产物。这些形式的文化，不仅有实实在在的物质表面，而且还蕴含着人类的情感、意志和灵魂。文艺是这类方式的杰出典范。体育活动具有直观、激越、宏大的特点，这些特点使它成为文艺表现的对象，如体育诗歌、小说、漫画、相声、小品、体育邮票、体育歌曲等体育文艺都归属于体育精神文化的范畴。例如，一幅漫画，我们可以从它的体育精神文化角度来探究它所表现出来的体育思想和情感。体育精神文化的这个层面属于艺术文化的一部分。

总之，对体育活动中心理、审美、艺术等各种意识形态表现形式的总

称是体育精神文化。竞技体育文化中所表现出的竞争意识、自主精神、科学观念等价值观念，也是体育精神文化的重要内容，而团结奋斗、拼搏进取、为国争光的体育精神更是体育精神文化中的精华。

二、我国高校体育精神文化建设探析

体育精神文化在体育文化中处于主导地位，其是体育文化的核心。建设高校体育精神文化应注意以下几方面。

（一）树立正确的体育观

体育观即人们对体育存在的意义和价值的认识和看法，其决定着体育文化的发展方向。树立正确的体育观对于高校校园体育文化的发展具有积极的意义。具体而言，师生应树立的体育观应包括以下几方面。

1. 体育是生活的重要组成部分

现代化的生产方式促进了社会财富的发展，然而也带来了一些不利的因素。例如，劳动方式的单调化、劳动密度的增大化、劳动过程的专门化等。这些变化会使得人们在工作过程中感到枯燥和厌倦，心理产生压抑。另外，现代工作方式还使得身体运动不足，也会使身体机能产生不适和身体局部劳损。

在这一环境下，体育运动逐渐成为人们生活的重要组成部分，其不仅丰富了人们的精神文化生活，而且促进了人们身心的健康发展。对于经济社会的发展和个人的提升都具有重要的意义。如今，体育运动已经成为人们日常生活的重要组成部分，成为人们的一种生活方式，其与衣、食、住、行、用具有同等重要的意义。

2. 体育是竞争

众所周知，竞争是现代社会生活中不可缺少的现象，竞争意识也是人们需要养成的重要思想意识。合理的竞争能够促进社会更好地发展，人们为了实现更好的生存和发展，需要具备竞争意识，并不断提高自身的竞争力。

需要我们注意的是，现代体育运动中，竞争是其重要的精神内涵。竞技运动最为鲜明地反映了这一特点。在运动竞赛中，处处体现了体力、智力与技能方面的竞争。可以说体育运动是最为富有竞争性的领域。

体育运动中的竞争都是在严密、严格的规则和规程约束下进行的。体育的竞争注重公平和平等，最讲求规则，而不徇私情。从这一意义来说，体育运动比赛的竞争能够促进参与者公平竞争意识的培养，使其能够以公平竞争方式应对生活中的考验。

在体育竞争运动中，要想取得胜利，都一定会经过严格的锻炼，吃苦耐劳，勇于拼搏，不断提高自己的身体机能、心理水平、战术意识和团队精神。在体育运动比赛中，任何不劳而获的结果都是不允许的。因此，每位参与者都将从比赛竞争中懂得取胜的结果是来自于强大的实力。让运动者明白只有通过不断的努力才能获胜。

3. 体育是娱乐

需要我们注意的是，现代体育运动不仅体现着竞争，同时也体现着娱乐精神，并且随着时代的发展，体育运动的功能会得到进一步的发挥。

大众体育运动不同于竞技运动，它具有一定的休闲娱乐性，在进行该项运动时，运动者能够缓解生活和工作的压力，宣泄自身的情感。大众体育运动以追求自身情感的愉悦、兴趣的满足为重要目标。

科学研究表明，通过进行体育运动，人们内心的愉悦感会增加。健康幸福感的增加，实质上与消极情绪的减少有密切联系。通过体育运动能使紧张、困惑、疲劳、焦虑、抑郁和愤怒等不良的情绪状态得到有效改善，同时有助于人们保持良好的精力状态。通过观看体育运动比赛，也具有良好的娱乐功能，其能够使人心旷神怡，增加对运动美的欣赏能力，带来生活的享受。

4. 体育是消费

体育是一种重要的消费形式，现代社会"花钱买健康"的观念正逐渐深入人心。所谓"花钱买健康"就是增加体育方面的投入，通过体育运动锻炼来促进身心的健康发展。

如今，人们参与运动健身俱乐部时，需要向俱乐部支付相应的会员费；人们在观看高水平的竞技比赛时，也需要支付相应的门票费；人们通过电视、网络观看比赛也需要相应的会员费。因此，学生应树立良好的体育消费观，为自我健康和自我发展进行积极投资。

5. 体育是完善个性的重要手段

体育运动会对人的身心施加双重的影响，在心理方面，能够促进人的个性发展和完善。

人们在参与体育运动时，会在体力、智力和情感方面进行较多的投入，这能够使得人们发现自身在这几方面的薄弱环节和优势方面，从而能够促进人们正确认识自己，实现个性的完善和发展。

体育运动能够使人的个性得到张扬，从而使人的个性得到更为自由的发展。体育运动为人的个性发展和张扬提供了更为广阔的演练空间，人们可以选择表现自己的个性，如塑造拼搏进取的人格精神、品尝胜利欲望的满足、追求内心的自我超越或表现健康向上的生命力。

6. 树立终身体育观念

终身体育不仅是人们在生产生活中应该树立的体育意识，也是现代体育教学的重要观念。体育运动不应仅限于人的某个发展阶段，而应在一生的各个阶段都应参与体育运动锻炼。体育具有终身性，这是由体育锻炼的规律决定的。人们在参与体育健身锻炼过程中所取得的一些健身效果并不是永久的，在停止健身之后，很多健身效果会逐渐消失。为了促进和保持体质健康，应坚持终身进行体育锻炼。具体而言，终身体育包括以下两个方面的内容。

①人的一生应不断进行健身锻炼，促进身心的健康发展。

②人的一生应不断进行体育运动知识和技能的学习，促进终身体育能力的发展。

终身体育理念即人们应不断接受终身教育，从而使得各个阶段的体育都能够良好衔接，保证体育运动锻炼和所掌握的知识和技能的系统性和完整性。

人体在不同的发展阶段，其对体育运动锻炼的需求也会有所不同。例如，在青少年时期，促进机体的生长和发育是体育锻炼的重要方面；而在中年阶段，防止衰老和疾病的发生是体育锻炼的重要目的。体育锻炼是一种需要长期坚持的过程。

因此，在高校体育教学中，应促进学生终身体育观念的树立。不仅应使得学生掌握一定的锻炼方法，还应使得学生能够养成良好的健身锻炼习惯，获得终身体育锻炼所需要的能力。

（二）增强体育意识

在体育教学中，体育教学工作的重要目的是促进学生体育意识的培养，促进其体育锻炼习惯的养成。体育意识对于体育教学实践的发展具有重要的意义，体育意识的培养也是校园文化科学构建的重要方面。增强学生的体育意识，应从以下两方面来进行。

1. 转变教育观念，增强意识教育

在我国体育教学发展过程中，长期以来对学生体育意识的培养不足。在教学中，体育只是作为一种知识和技能来进行授课，而忽视了其育人功能。传统的教学方式具有其积极的方面，然而其消极方面的影响不容忽视。因此，在高校体育教学中，教师应培养学生自觉参与体育锻炼的意识，使得学生受到良好的思想观念方面的教育。教师应将终身体育意识与体育教育密切结合起来。

2. 加强理论传授，综合培养体育意识

需要我们注意的是，体育不仅是技能的传授，同时也应注重知识、理论方面的讲授。教师应不断促进学生知识的积累和丰富，促进体育理论对学生思想的重要影响。理论对实践具有重要的指导作用，加强理论的学习能够更好地促进学生技能掌握。

体育教学中，应注重体育运动规律、身体锻炼规律等方面的理论的传授，做到理论与实践相结合，两者相互促进，实现学生的综合提升和全面发展。

（三）弘扬体育精神

众所周知，校园体育精神是校园体育文化的升华，对价值观念、行为、意识等方面都有深刻的反映。校园体育文化对学生具有重要的影响，置身于相应的校园体育文化氛围中，能够使得学生受到潜移默化的影响，实现精神品质的提升，得到良好的教育效果。因此，高校应弘扬体育精神，激励学生不断实现自我的提升和发展。

1. 民族精神的振奋

当前，体育运动对社会和个人的影响已远远超过其自身的体育运动范畴，它蕴含着深刻的文化和思想内涵。体育教育应促进人们民族精神的觉醒。

在我国体育运动发展历史中，乒乓球运动和排球运动对国人的精神产生过较大的影响，对振奋民族精神起到过并且一直有着很重要的作用。在乒乓球运动发展历史上，孔令辉、邓亚萍等这些人的名字为人们所熟知，他们极大地提升了人们的民族自豪感；中国女排的拼搏精神更是振奋了民族精神。体育教学中，应注重积极价值观念对学生的积极影响。

2. 创新意识的发展

创新意识是现代人所应具备的重要意识。体育教学应注重学生创新意识的培养。

体育运动在一定程度上体现着创新精神，尤其是一些球类运动，需要运动员根据实际情况来灵活应对。优秀的运动员必须具备良好的思维能力、应变能力和创新精神。

体育运动既是体力、技能的对抗，又是思维、智力的竞技。对于足球运动而言，优秀的足球运动员总是具有创造性的，其总是能够打出让人惊叹和意想不到的进攻。因此，创新精神也是重要的体育精神。在教学中应注重创新意识和创新能力的培养。

3. 优良意志品质的培养

意志品质是一个人的自觉性、坚韧性和自制力等以及勇敢顽强和独立主动的精神。在体育活动中，获得胜利的喜悦感，不仅能够使运动的强烈动机得到有效的激发，而且对于勇敢拼搏的意志的激发，也起到积极的促进作用。

运动水平的提高需要运动者坚持进行训练，顽强克服困难。另外，在进行运动训练时，会伴随着一定的生理不适，也需要训练者积极克服。在体育教学中，应促进学生优良意志品质的培养，使其明白发扬拼搏精神，具有良好的自觉性、坚韧性和自制力等是取得成功的重要保证。

体育竞赛具有良好的激励作用，通过开展竞赛，能够促进人们激发自身的潜力，从而更好地做自己。在竞赛过程中，通过发扬拼搏精神，使得学生深刻认识到个人努力与集体荣誉之间的关系，促进其个人义务感和集体荣誉感的培养。通过比赛，给学生带来精神上的满足，促进其形成胜不骄、败不馁的品质。教师应注重学生良好意志品质的培养。

4. 遵守规则意识的培养

现代社会竞争越来越激烈，每一个人都在社会中生活，当个人行为与社会利益发生冲突时，就会受到"黄牌警告"或被罚出局。在体育运动比赛中，运动员必须遵循比赛规则，尊重裁判，尊重其他运动员，公平竞赛。这些规范要求不仅适用于所有体育活动，同时也是每个公民应具备的社会素质。在体育教学中，应积极促进学生遵守规则意识的培养。

另外，在体育运动比赛中，竞赛双方处于平等的地位，展开公平竞争。在体育教学与训练过程中，应注重培养学生尊重对手的意识，并在生活中做到尊重他人。

（四）提高体育素养

人们习得的体育知识和技能和借此形成的正确的体育认识和价值观和为人处世的态度等方面都是体育素养。具体而言，体育素养包括以下四方面的内容。

①体育知识，如身体锻炼知识、体育保健知识、运动竞赛规则知识等。

②运动技能，如各项运动的基本技能以及参与运动比赛的能力。

③体育意识，即学生对于体育的认识和理解。

④体育兴趣和习惯。

在体育教学中，应能够促进学生综合素质的提升，促进学生体育文化素养的提高。通过提升学生的体育文化素养，能够促进学生的全面发展，这是素质教育的重要目标。

文化在社会上的传播，需要相应的载体，而人即文化传承的重要载体。体育文化的发展依赖于人对体育文化的传承和发展。而学生在体育文化传承中扮演着重要的角色。学生应充分发挥自身的才智，积极对体育文化进行学习和研究，不断丰富自身的同时，实现体育文化的发展。

（五）培养良好的体育行为习惯

促进学生形成良好的体育行为习惯是体育精神文化建设的重要内容。校园体育文化具有良好的育人功能，通过组织各种各样的体育运动，能够促进学生的体育参与意识，促进学生良好的体育行为习惯的形成多这对于终身体育意识和能力的培养和发展具有积极的作用。在体育教学中，应积极鼓励学生参与各种形式的体育活动。

第三节 学校体育制度文化层建设

一、校园制度文化的要素

（一）各种组织机构

众所周知，组织机构是人类社会逐步发展的产物，它能够使人类群体的力量得到合理和高效的发挥。无论是人类的个体活动，还是集体活动，都离不开组织机构的作用。作为一种人类改造自身和促进社会发展进步的文化产物，体育活动已经成为各种社会组织不可缺少的一部分。

世界体育组织、大洲体育组织、国家体育组织、民众体育组织、学校体育组织、运动竞赛组织等构成了体育制度文化。为使体育运动真正地向着合乎体育文化规律性的方向发展，在成立各种体育机构时，就必须考虑社会背景，同时更多地关注体育活动发展组织化的需要和需求。

（二）体育活动的原则和制度

在组织制度文化体系中，组织机构的原则和制度决定着组织的性质、活动方式和发展方向，它是制度文化与精神文化关系最为直接、层次最高的一部分。

具体来说，体育物质文化是指体育文化活动中，人们自身构成的文化，它是一种动态的、稳定的文化成果。

需要我们注意的是，对体育活动实践和体育精神领域的思考是体育制度文化的来源，是体育制度文化体系中作用最为突出的组成部分，是统领体育一般规范与体育机构的桥梁。体育制度不健全，会影响体育机构的建立和完善，体育产业制度不完善对体育经营管理活动的顺利进行有着制约作用。因此，只有不断地进行改革、更新和完善，才能改善体育的发展状况。

（三）体育运动中的组织形式

人们在社会中所扮演的角色和地位，不仅由人的能力差异所决定，而且也是由活动组织形式需要多种不同的角色所决定的。在体育运动中，也有很多不同角色的划分，如裁判、教练、队长、队员等和单败淘汰制、单循环制、交叉淘汰制等赛制，这属于体育制度文化中最基本内容。

在体育运动中，对于角色也有着原则性的区分，如运动队中的队长一职是由技艺高超或号召力强的运动员担任的。在运动竞赛中，可以根据参赛队伍的多少来调整比赛制度，但在大多数情况下，比赛的赛制是固定的、严肃的。

二、我国高校体育制度文化建设探析

高校体育制度文化是物质文化和精神文化的中层，也是校园体育文化建设的重要方面。高校制度文化建设应注意以下几方面问题。

（一）贯彻体育法规，改进管理理念和管理手段

体育教学虽然在我国发展多年，但是一直以来体育并不被重视，长期处于被冷落的地位。虽然我国倡导学生的全面发展，但是学校体育仍然处于弱势地位。改革开放以来，我国积极推进素质教育及教育改革，并强调了体育在素质教育中发挥的重要作用，校园体育文化建设已经成为高校文化建设的重要方面。

学校要建立相应的体育文化，就需要积极贯彻落实相应的体育法规，积极改进体育教育管理的理念，创新体育教育管理的手段。学校应根据自身的实际情况来将相应的政策法规落到实处，制订切实可行的发展规划，使得高校体育文化散发自身的鲜明特色。

（二）优化体育教学

有学者对高校学生对体育教学的感受进行了调查，调查显示，大多数学生认为体育课的教学内容与自身的心理发展水平不符合，体育课的教学内容多为在低年级时已经学过的内容，学生并不能感受到高校体育教学的意义。因此，有必要促进体育课的改革与优化。具体而言，应注重以下几方面的问题。

1. 优化体育教学内容

高校体育教学的内容应从学生的个体需要出发，促进学生的学习兴趣。体育教学的内容应强调终身性、娱乐性和健身性，满足学生学习和将来工作的需求。

近年来，人们的自我意识逐渐增强，学生的个性化发展尤为明显。在这一状况下，学生对自身不感兴趣的事情自然缺乏兴趣。在体育学习中，学生感受不到体育教学的积极意义，并且会形成枯燥、厌烦的心理体验。

体育教学内容是体育教学的载体，应积极促进教学内容的革新。学校可开发一些新型体育项目、娱乐项目和民族传统体育项目作为体育教学的内容。

随着体育运动的发展，一些新的体育运动项目不断涌现，而高校学生对于新兴的、娱乐性强的体育运动项目兴趣更浓厚。因此，体育教学内容应积极进行革新，将一些新兴时尚的特色运动项目吸收进来，将其作为学校体育的教学内容。另外，我国各民族传统体育项目各具特色，又有良好的健身价值，在未来的体育教学中完全可以根据当地民情对其进行适当的开发和选用。

需要注意的是，在注重运动实践的同时，还应注重理论课的安排，促进理论与实践的统一。如表 6-4 所示的是大学生体育教学内容。

表 6-4　大学生体育教学内容

课程	教学内容
理论课	(1) 体育人文知识：体育的功能，体育的特征，奥林匹克文化，体育运动与心理健康，体育欣赏等。 (2) 体育锻炼和养生保健知识：锻炼方法，体质测定与评价，传统养生，卫生与健康，医务监督，体育疗法等。 (3) 体育科学原理：生理科学基础知识，心理科学基础知识等。 (4) 运动人体科学原理：心血管神经呼吸等系统与运动的相互关系。
实践课	(1) 选项内容：篮球，足球，体操，武术，健美操，健身健美，乒乓球，网球，羽毛球，轮滑，拳击，气功，保健，艺术体操，散打等。 (2) 普及内容：健身操，太极拳，游泳，舞蹈等。

2. 优化体育教学手段和方法

现阶段，我国应积极转变体育教学的方法，教师应发挥主导作用，同时促进学生主体地位的确立。体育教学应注重个性化和多样化，实现师生之间、学生之间的多边互动。

内部活动和外部活动的综合体现是学生的学习过程，因此，在选择相应的教学方法时，也应注重两者之间的配合❶。在选择相应的体育教学方法时，也应注重这两者之间的配合。教师应善于分析学生的内外活动变化，把指导学生外部活动的方法与激发学生内部活动的教学方法有机结合起来，以促进学生主动积极地参与到体育教学活动中。

在体育教学中，还应注重现代科技手段的运用。多媒体教学软件的使用能够辅助体育教学活动的开展，且运用时机较为灵活。多媒体软件是一种可以对某项体育运动进行针对性讲解和示范的教学手段，通过对关键点的展示和讲解，抓住动作的关键部分，反复播放这些难点动作，达到突出重点、难点的动作的目的。

另外，现代社会手机已经普及，几乎人手一部。手机 APP 应用五花八门无所不包，其中体育运动健身类的 APP 也有很多。在开展某一方面的体育教学时，可借助于手机 APP，通过开发相应的手机应用，增加运动训练的趣味性，并实现师生之间的实时互动。

---

❶　所谓内部活动，即学生的心理活动以及相应的生理生化反应等方面；外部活动则是其动作质量、情绪、注意力等方面。

需要我们注意的是，以多媒体软件为代表的现代体育教学手段的应用，不仅有效提升了体育教学的直观性和准确性，而且弥补了在一些较有难度的动作技术上示范不标准的缺陷，同时还极大提高了体育教师的教学效率。

（三）课余体育俱乐部和体育文化节建设

课余体育俱乐部和体育文化节建设是校园体育文化的重要形式，对学生的影响较为显著，其是校园制度文化建设的重要方向。具体而言，校园体育俱乐部和体育文化节的建设应注意以下几方面。

1. 高校课余体育俱乐部建设

（1）课余体育俱乐部的优势分析

校园内的课余体育俱乐部是最近几年非常流行的体育课外活动组织形式，学生根据自己的体育特长、兴趣爱好自愿加入组织。课余体育俱乐部有组织、有管理，有专人指导，有经费支持，具有一定的导向性，活动效果好，深受学生欢迎。

事实上，课余体育俱乐部不管在锻炼时间和锻炼活动方面，还是在锻炼的实效性方面，都要比体育课强。通过积极引导高校课余体育俱乐部的组织建设，能够更好地促进体育教学目标的实现。课余体育健身俱乐部与当前的教学形势具有良好的契合度，因此其得以在高校中快速推广，并成为校园体育文化的热点。

课余体育健身俱乐部吸引学生积极主动地加入其中，激发了其体育活动的兴趣和进行体育锻炼的积极性。校园体育俱乐部的发展推动了校园体育的发展，使得更多的学生投入到运动健身之中。学生在开展体育活动过程中增进了相互的了解，促进了学生组织活动能力、沟通交往能力和团队协作能力的发展。因此，校园体育俱乐部推动了校园体育文化的丰富，推动了校园文化的发展。

（2）高校建立课余体育俱乐部的策略

课余体育俱乐部对校园体育文化的发展具有积极的推动作用。学校各领导和部门应给予体育俱乐部高度的重视。学校应积极引导体育俱乐部的建设，并为体育俱乐部开展各种体育活动提供场地和时间等方面的保证，促进体育俱乐部的发展。学校和体育教师应积极引导学生的体育活动，体育俱乐部应从单纯的运动技能学习发展为多方面体育活动的开展，促进学生体育文化素养的发展。

校园体育俱乐部应积极满足学生的个性化需求，实现课内与课外体育的统一。对于学生，可适当收取相应的会员费用，以维持俱乐部的运转。为了避免校园体育俱乐部的无序发展，高校的团委、学生会等部门应对其进行相应的管理多实现其健康有序发展。

一些发达国家的高校体育俱乐部发展相对较为成熟，如德国，其校内的体育俱乐部也加盟了社会的体育协会，成为社会体育组织的组成部分。各高校在发展校园体育俱乐部时，应积极学习和借鉴国外的发展经验，将国外的成功经验与高校的实际相结合，从而走出具有自身特色的发展道路。

2. 高校体育文化节建设

众所周知，我国各高校每年都会举办校运会，这是检验学校体育教学成果的重要形式。虽然校运会具有积极的意义，但是也存在着诸多的问题。最为重要的问题是参与人数较少，大多数学生并没有参与其中，而只是运动员的"看客"。

据相关的调查显示，90%的学生并没有参加过校运会，当问及对校运会有无兴趣时，无兴趣的学生高达70%多，由此可见，校运会已经失去了向学生传播体育文化的重要功能。在这一形势下，应积极推动校运会的改革，增加学生的参与兴趣，促进更多的学生参与进来。

高校应积极拓展校运会，将其发展成为体育文化节，增强其在学生中的影响力。通过延长其时间，拓展其空间，发展其活动形式，使其内容更加丰富多彩，吸引更多的学生参与其中。

"体育文化节"包括的活动有体育专题报告、体育讲座、体育知识竞赛、体育表演、运动会、体育游戏等。其主要包括校园"体育周"和校园"体育日"（健康日）等形式。校园体育文化节的活动内容（表6-5）。

表6-5 高校体育文化节的活动内容示例

竞技体育	健身内容	娱乐活动	观赏活动	体育知识讲座、竞赛	体质测试	其他
田径运动、球类比赛	健美操、健身健美、太极拳、体育舞蹈等。	毽子、拔河比赛、接力赛等各种新式的体育游戏。	观赏高水平体育赛事、观看录像等。	体育明星知识、项目知识、保健康复知识等。	身高、体重、肺活量、体脂率等。	体育作文比赛、体育摄影、体育绘画等。

校园"体育周"是指集中利用一周时间，对学生进行课余体育训练或

组织集各种宣传教育、锻炼、运动会等活动。针对校园"体育节"的管理，学校应将"体育节"活动列入学校整体体育工作计划，并成立临时性指挥机构对"体育节"间的体育活动进行组织与管理，在管理过程中，要注意取得各有关方面的支持与配合，并做好充分预备与准备工作。体育周结束后，学校相关部门应注意做好后续管理工作。

校园"体育日"通常会与有意义的节日或体育形势（重大的国际、国内的体育活动）相结合，一般会占用一天或半天的时间，体育日期间学校可组织进行专题性的体育主题活动，开展体育教育和锻炼。在管理过程中，既可以组织全校性的活动，也可以根据年级、班级组织体育活动。

对于优胜者的奖励办法也应注意，避免进行直接的金钱奖励。可增设多种奖项，以积极鼓励学生参与其中为原则。例如，可设立参与奖、鼓励奖等，积极鼓励学生参加。

总而言之，高校体育文化节应从各个方面进行创新，激发和培养学生的体育兴趣，提高其体育参与意识。还应使得每一个学生都能够具有平等参与的机会，举办全校体育的盛会。

（四）积极开展和承办各类体育赛事

通过组织竞赛活动，各高校间互通了信息，增进了沟通与交流，促进了了解，丰富了各校校园文化生活。比赛的承办不仅提高了高校的办赛水平，而且活跃了高校的体育文化氛围，丰富了高校的校园文化生活。

在各种类型的体育赛事中，最为我们所熟知的当属中国大学生篮球联赛，即CUBA。中国大学生篮球联赛（CUBA），是中国大学体育协会主办的高校间篮球联赛，是中国历史上第一次面向社会、面向高校的大学生专项运动联赛，在1996年由中国大学生篮球协会与杭州恒华（国际）集团有限公司联合推出。1998年开始正式推行，设男子组和女子组，CUBA影响力仅次于中国男子篮球职业联赛CBA。2015年第十七届男子大学生篮球联赛的冠军为华侨大学，华侨大学第九次得到冠军。女篮冠军为天津财经大学。

CUBA联赛共分为四个阶段：预选赛、分区赛、十六强赛和四强赛。每年9～12月：各省、自治区、直辖市、特别行政区所在地各高校组队进行预赛，比赛具体时间、地点及比赛办法均由各省、自治区、直辖市、特别行政区的体协、CUBA联赛组委会分会领导下的CUBA联赛预赛承办单位领导小组确定。基层预赛必须以学校为单位进行。有条件的地区，应采用主客场制。

从1998年创立至今，CUBA联赛保持着每届600～700支参赛队，近万名运动员和教练员，2400多场基层选拔比赛，160场分区比赛和15场男八强、女四强赛的赛事规模，在全国高校产生了广泛、深入、持久的影响，在社会上树立了积极、健康、向上的形象，竞赛体系日趋完善、竞技水平稳步提高、社会影响迅速扩大、优秀人才崭露头角、品牌建设和市场营造初见成效，被誉为中国篮球的"希望工程"。

我国应积极开展一些类似于CUBA篮球联赛的赛事，积极推动体育文化的传播与发展。在开始阶段，举办大型赛事相对较为困难，学校之间应加强联合，积极开展校际之间的比赛。教育部门应与体育部门积极进行合作，推动全国性大学生体育联赛的开展。

（五）适当开展户外运动

我国地域辽阔，有着丰富的户外运动资源，这为人们提供了良好的运动场所，高校可积极利用所在地的这些户外运动资源。

我国具有广大的湖泊和水库面积，可以开展多种水上运动；我国的森林面积和山地面积广博，可以开展野营、登山、徒步旅行及冬季项目等；我国河流众多，海岸线漫长，可以开展游泳、划船、冲浪、野营及沙滩排球等活动。

野外生存活动和户外拓展训练是颇受人们欢迎的运动项目，其不仅能够使人们充分体验自然环境的美好，还能够使得人们掌握野外生存的各种技能，强身健体，提高人们的生存能力。

如今，很多中小学都开始开展野外生存活动，对于学生素质的全面发展具有积极的意义。高校也应适当开展户外运动，积极推动学生"走向自然，征服自我"。

（六）利用校园网络丰富校园体育文化生活

现代社会，网络是一种重要的工具，为人们提供了各种各样的资源。在体育教学中，为了促进体育网络课程的发展，应注重软件与硬件资源的开发与利用。

硬件设施是基础，应对硬件资源进行规划，合理利用。一些高校正在对无线校园进行规划，校园的网络容量与传输质量主要取决于硬件资源的完善情况。硬件资源不同，容量与传输质量自然不同。网络课程的开发中，也会涉及手机网络及其他移动网络，因此学校要与相关网络的供应商建立联系、密切配合。

在网络课程的开发中，硬件资源必不可少，但软件应用产品也同样重要。软件资源囊括了体育教学中所有的教学及互动内容。体育网络教学平台由各类软件资源整合而成，师生在这一平台上可以实现良好的互动。从现有的高校体育网络课程来看，网络教学平台中的板块主要涉及以下几个。

①体育教学视频和课件。
②体育比赛视频赏析。
③师生交流和互动平台。
④体育论坛，自由交流。

（七）组建体育运动队

在加强校园体育文化的建设的同时，还应积极推动学校体育运动队的建设，使得学校形成强势运动项目，吸引全校师生的目光，使其成为师生关注和讨论的焦点，发挥其促进体育文化发展的带头作用。例如，通过组建篮球运动队，积极进行训练，在 CUBA 联赛中有所作为，必然会得到师生的关注，提升学生投入到篮球运动中的热情。

通常情况下，在学校中运动队的训练是由专门的体育运动训练教练或专门的训练部门负责管理的。在组建运动队时，不仅需要确定好训练项目、选拔参训运动员、选择指导教师，还要制定好相应的规章制度。具体而言，学校运动队的组建应注意以下几方面。

1. 确定训练项目

组建运动队首先要确定训练项目，不然后续工作无法开展，从学校的体育活动基础、师资力量、经费划拨、场地器材等实际情况出发是确定训练项目要考虑的最重要问题。

2. 选拔运动员

学校课余体育训练的主要任务是为国家和社会培养优秀的后备体育人才。因此选拔优秀的体育人才是一项非常重要的工作。目前，我国在选拔体育人才时常用的测试指标主要有身体形态指标、生理机能指标、身体素质指标等。

3. 选择指导教师

在体育运动训练中，非常重要的一部分包括指导老师的选择，合格的指导教师不仅能使运动队的训练效率提高，对训练的目标的实现也是有帮助的。在很多学校里，指导教师或教练员都是由本校的教师担任，其他有体育专长的老师也在选择之列。如果条件允许，学校也可以聘请业余体校的教练或体育俱乐部的教练作为指导教师。

4. 建立规章制度

事实上，有比较完备的规章制度是进行系统完整的体育运动训练的必要条件，学校体育训练工作要顺利开展，并想要取得预定的效果，也需要有一定的规章制度作保障。学校组建运动队时，一定要对规章制度的建立引起高度的重视，这样对于学校体育训练以及运动队管理力度的加强是较为有利的。通常情况下，需要建立的规章制度有很多，比较重要的有训练制度、奖惩制度、比赛制度、教练员责任制度和学习检查制度等。

参考文献

[1] 萧扬，胡志明. 文化学导论 [M]. 石家庄：河北教育出版社，1999.

[2] 黄小龙，郭春玲. 体育法学 [M]. 北京：法律出版社，2009.

[3] 卢元镇. 中国体育文化纵横谈 [M]. 北京：北京体育大学出版社. 2005.

[4] 李恺宪. 论学校体育文化的功能及其建设 [J]. 南京体育学院学报，2006（5）.

[5] 钱应华. 学校体育文化与素质教育 [J]. 牡丹江大学学报，2007（8）.

[6] 黄铎. 体育调查研究概论 [M]. 兰州：甘肃民族出版社，2009.

[7] 高长梅. 学校文化建设全书 [M]. 北京：经济日报出版社，1999.

[8] 陈建国. 高校学校体育文化是素质教育中理想的潜在课程 [J]. 四川体育科学，2002（4）.

[9] 章世虹. 最新高校学校文化建设实施手册 [M]. 北京：光明日报出版社.

[10] 杨文轩. 体育概论 [M]. 北京：高等教育出版社，2007.

[11] 李力研. 解读体育文化 [M]. 北京：中国社会出版社，2004.

[12] 洪伟强. 论高校学校体育文化的内涵，特征与功能 [J]. 肇庆学院学报，2003（1）.

[13] 刘铮. 论学校体育文化 [J]. 体育文化导刊，2001（4）.

[14] 易剑东. 体育文化学 [M]. 北京：北京体育大学出版社，1999.

[15] 云学容. 我国高校校园体育文化建设探析 [D]. 四川大学，2004.

[16] 杨向东. 中国古代体育文化史 [M]. 济南：天津人民出版社，2000.

[17] 章罗庚. 校园体育文化导论 [M]. 长沙：湖南大学出版社，2009.

[18] 夏晓陵. 奥林匹克精神与学校体育文化建设 [J]. 浙江工业大学学报, 2004 (3).

[19] 刘彬. 论高校体育教学中体育文化的传承 [D]. 辽宁师范大学, 2006.

[20] 曲宗湖, 杨文轩. 域外学校体育传真 [M]. 北京: 人民体育出版社, 1999.

[21] 金国. 学校管理学 [M]. 合肥: 中国科技大学出版社, 1996.

[22] 杨忠令. 现代网球教程 [M]. 杭州: 浙江大学出版社, 2011.

[23] 曹桂祥. 对高校体育文化建设的研究 [J]. 河南机电高等专科学校学报, 2004 (2).

[24] 胡茂全. 江苏省普通高等学校体育教学评价的研究 [D]. 南京师范大学, 2012.

[25] 杨雪芹, 刘定一. 体育教学设计 [M]. 桂林: 广西师范大学出版社, 2008.

[26] 陈雁飞. 新中国体育教师队伍建设与发展之路 [M]. 北京: 北京体育大学出版社, 2009.

[27] 葛金国, 吴玲. 盘点学校——解开学校管理的症结 [M]. 福州: 福建教育出版社, 2001.

[28] 陈建华. 高校体育文化的理性分析与实践思考 [J]. 南京工业大学学报, 2006 (1).

[29] 邢琦. 大球教程——篮球, 排球, 足球 [M]. 北京: 北京师范大学出版社, 2013.

[30] 姜志明, 樊欣. 大学校园体育文化研究 [M]. 北京: 中国林业出版社, 2010.

[31] 汤玲玲. 中西方体育文化差异对我国学校体育教育影响的研究 [D]. 安徽工程大学, 2012.

[32] 郑金洲. 教育文化学 [M]. 北京: 人民教育出版社, 2000.